NONFICTION
論創ノンフィクション
050

インティマシー・コーディネーター

正義の味方じゃないけれど

西山ももこ

論創社

はじめに

インティマシー・コーディネーターとは、映画やドラマなどの制作現場において、性的描写やヌードなど体の露出があるシーンの撮影をめぐって、俳優の同意のもと、安心して演じられる環境を整え、それと同時に監督など制作サイドの演出を最大限実現できるようにサポートする職業です。

「インティマシー」は「親密さ」という意味で、日本では濡れ場やベッドシーンと呼ばれていたシーンや、俳優が体を露出するシーンを、業界では「インティマシー・シーン」と総称しています（英語ではインティメイト・シーン（intimate scene）と呼ばれるが、日本ではインティマシーとシーンを付けた言い方で呼ぶ人が多いので、本書ではそう表現する）。

二〇一七年頃から、女性たちが中心となって、自らが受けた性被害などを続々と告白した#MeToo運動。それをきっかけとして生まれたのがインティマシー・コーディネーターと言われていますが、日本でこの職種名を掲げているのは二〇二三年一二月現在はまだ二人しかおらず、私はそのうちの一人です。

英米などの海外では需要が急増し、現場での導入がスタンダードな存在になりつつあるものの、日本ではまだまだ認知度が低く、「インティマシー・コーディネーターって何？」と首を傾げてしまう人も少なくありません。

そのかたわら、二〇二二年には、国内でもこの職業にかなりの注目が集まりました。その煽りで、「インティマシー・コーディネーター」は、この年の流行語大賞にノミネートされるほど、一躍、人の口の端にのぼる言葉となりました。

私自身、二〇二二年から二〇二三年にかけては、インティマシー・コーディネーターの一人として多くの取材を受けました。「どうすればインティマシー・コーディネーターになれるのか」といった質問を受けることもたびたびあります。

そのように、この職業に関心が持たれること自体はもちろん喜ばしいことなのですが、一方で私は、ある種の違和感も覚えています。「インティマシー・コーディネーター」という言葉だけが一人歩きしているような印象を受けるのです。

インティマシー・コーディネーターという職種を務めていることについては、「すごい意義のある仕事をしている」などとよく言われます。しかし、私自身にはそんな意識もなく、周囲の受け止め方と私自身の意識とのあいだの温度差がまったく理解できずに戸惑っているようなところもあります。

#MeToo 運動が契機となって生まれた職業であるということも影響しているのか、この

仕事はともすれば、「俳優を理不尽な性被害から守る〝正義の味方〟」といったイメージで見られがちです。

インティマシー・コーディネーターは、俳優の権利を守るため、「役者のため」に存在しているのだと思われることも多いのですが、実際には、「誰のため」というだけでなく、「その作品のため」に存在していると言ったほうが正しいと思います。また監督や俳優のためだけでなく、スタッフのためにもいてほしいと言っていただいたこともあります。

役者さんの本音を聞き出し、意にそぐわない撮影を無理しておこなうことがないように取り計らうこともあります。同時に監督など制作サイドの意向も聞いて、彼らのイメージするシーンをどのように役者の同意のもと撮影できるか役者と話しをするのも私たちの役目です。

私たちインティマシー・コーディネーターは、肝心のインティマシー・シーンの撮影が安全になされるために存在する調整役に過ぎず、〝正義の味方〟でもなんでもないのです。

役者さんの安全を確保するのも大事な役割であり、そこに意義があるのはたしかですが、そういう心意気だけで成り立つ仕事でもありません。映像業界についての一定の知識や経験も必要ですし、報酬体系が整備されていないこと、収入が不安定になりがちであることなど、課題も多く残されています。日々、コミュニケーションのむずかしさを実感し、心が折れそうになる時もあります。

クリーンで勇ましいイメージばかりが先行しているようですが、そうした道義心だけを支えとした場合、「目指す理想と違った！」となる可能性もあります。その役割は何なのか、その仕事の実態はどうなっているのか、現在の日本の現場での位置づけはどうなっているのか――正確なところをお話しできたらと思っています。

インティマシー・コーディネーターは、日本でも今後、ますます必要になってくる仕事だと思います。また、業界を健全な状態に維持し続けるためにも、人材は増えていったほうがよいと思っています。

また、私自身、インティマシー・コーディネーターになるための講習を受けた時点ではじめて気づいたことなのですが、この職業は、ジェンダーやハラスメント、メンタルヘルスなど、周辺のさまざまな問題との関わりも深く、そうしたことに対する意識が否応なく研ぎ澄まされる仕事でもあります。

そういった問題に関心が高い方々にとっても、この本が参考になればよいなと思っています。

世界的にも、産声を上げてまだ日が浅いインティマシー・コーディネーターという職業。私が筆を執ったのは、新しい職業だからこそ、何よりもまず、その内実を知っていただきたかったからです。でもそれ以外にも、私には伝えたいことがあります。

　私は、二〇二〇年にインティマシー・コーディネーターの資格を取得するまで十数年に渡って、テレビ番組の海外ロケなどに同行するロケ・コーディネーターの仕事をしていました。その仕事は、現在に至るもインティマシー・コーディネーターの仕事と並行して続けています。

　そうして映像業界の仕事に携わる中で、私は多くの疑問を感じ続けています。男性優位の業界のいびつな構造。年々少なくなっていく予算。おもしろいものを作れば多少の犠牲は仕方がないというメンタリティ。なくならないハラスメント。少しずつ改善していると聞くものの、不当な待遇に苦しめられていながら、当事者が声を上げることをしない、できない労働環境。そして、無理を強いられることに慣れてしまっているスタッフたち――。

　この業界特有のそうした問題は、どれもインティマシー・コーディネーターという職業が必要とされる理由と共通の背景を持っています。いままで当たり前だと思ってきた環境を、どうしたら変えていけるのか。そんな観点からの提言も、併せて示していけたらと思っています。

　なお、以下の文中では、基本的に「インティマシー・コーディネーター」は「ＩＣ」と略させていただきます。

また本書では、個々の具体的な作品名や、その中でインティマシー・シーンを演じた役者さんなどの個人名は、原則として挙げないようにしています。プライバシーに直結してしまう局面が多い性質の話なので、そこは注意が必要なのです。その点については、あらかじめご了承ください。

まずは、私がいかにしてＩＣになったのか、そこに至るまでの道筋についてお話ししたいと思います。ただし、ＩＣに直接関係のない内容も多いため、ＩＣについて手っ取り早く知りたい方は、Ｉを飛ばしてⅡから読んでくださってもけっこうです。

インティマシー・コーディネーター——正義の味方じゃないけれど　目次

I

紆余曲折——インティマシー・コーディネーター以前

現在では、日本に数人しかいないＩＣの一人として活動している私ですが、最初からＩＣになることを目指していたわけではありません。二〇二〇年までは、ＩＣという職業があるということすら、知りもしませんでした。

私がＩＣという職業にたどり着いたのは、さまざまな偶然や運に左右されてのことで、「行き当たりばったりで進んできて、気がついたらＩＣになっていた」と言ったほうが正確かもしれません。

そんな私の個人的な人生の道筋に興味を持ってくれる人が果たしているのか、そのことには疑問を感じます、とはいえ、私がその時々の突発的な衝動に身を任せて切り開いてきた道が、結果としてＩＣという職業に私を導いたことは事実です。

留学での海外生活が長かったことも、帰国してから得たロケ・コーディネーターという職が性に合っていたことも、いずれＩＣになるための布石のひとつだったのかもしれないと思わないでもありません。

また、折々に経験したさまざまな出来事や、それを通じてさまざまな考えを巡らせたことが、結果として現在のＩＣとしての仕事に活かされていると思える面もたくさんあります。そんなわけで、私がＩＣになるまでの、紆余曲折に満ちた半生記に、しばしおつきあいただきたいと思います。

1　トム・クルーズに魅せられて ～アイルランド留学～

父から譲り受けたもの

私は父と母、三つ歳上の兄のもと、東京に生まれました。

母は、私が小学校高学年になった年にまずはパートからはじめ、その後は正社員となり、定年後も七四歳まで非常勤として働き続けていました。朝の通勤も苦にならないようで、家族の中で一番早く出かける姿を、私と父で見ていました。

逆に父は、「いかにして働かずに済ませるか」という画策に全労力を注いでいたような人で、どこかに就職したり辞めてしまったりの繰り返しでした。一時期、私の通っていた指圧院に父も通っていたのですが、その先生に「あんなにストレスがない人はいないね」

と言われたくらい、自分の思うがままに生きている人です。

小学校時代、私はいっとき和歌山県に住んでいたことがあるのですが、それも父のそうした暮らしぶりと無関係ではありません。東京で勤めていた会社を辞めてしまい、和歌山の実家に一家ともども身を寄せていたのです。

幼い私はそういう家庭の正確な事情など知るべくもありませんでしたが、経済的なことも含めて、東京育ちの母にはそれが大きな心の負担になっていたと思います。不思議なことに、家の経済的理由で私たち子どもが何かをあきらめざるをえなくなるようなことは一度もなかったものの、その時には金銭的に余裕がなかったのは事実だと思います。

いまでも覚えているのは、クリスマスのことです。シルバニアファミリーの家がほしいとサンタクロースに頼んでいたのに、朝起きて枕元にあったのは、アニメ『タッチ』のカルタでした。頼んでいたものと違うので、母と親しくしている近所の人に愚痴をこぼしました。するとその人は、「そんなことを言っちゃダメ」と私をたしなめつつも、シルバニアファミリーの家を私にプレゼントしてくれました。あの日のことは忘れられません。

そんな時期もあったものの、父には要領のよいところもあり、やがてできそうな仕事を東京に見つけて、一家は再び、東京に戻って暮らすことになりました。それでも定年を迎える何年か前には、父は「もう働かない」と言って退職し、料理教室に通いはじめました。

その後は家で料理やあと片付けなどを担当するようになり、現在に至っています。

そんなふうに父には、その時の気分で、あと先のことも考えず衝動的に動いてしまうところがあるのですが、私は「余計なことは考えない。なるようになる」というその性質だけはしっかりと受け継いでいると思います。私にとっての人生の転機は、つねにそうしたかたちで訪れているのです。

最初の転機は、高校時代のアイルランド留学です。しかもそれは、思いもかけないことが原動力となった行動でした。俳優のトム・クルーズにすっかり惚れ込んでしまったのです。トム・クルーズが（後にパートナーとなる）ニコール・キッドマンと共演した一九九二年公開の映画『遥かなる大地へ』を中学時代に観た時、「ああ、トム・クルーズと結婚したい！」という衝動を覚えたのがすべてのはじまりでした。「トム・クルーズ本人は無理でも、せめて似た誰かと結婚できれば」と本気で考えていました。

それまで、科目としての英語は本当に苦手で、学校でも塾でも苦痛でしかなかったのですが、トム・クルーズに近づくためには、英語ができなければ話になりません。私はいきなり母に頼み込んでECCに通わせてもらい、英語の猛勉強をはじめました。

家でも、英語字幕を表示させながら洋画を繰り返し熱心に観ました。トム・クルーズが本当に好きだったので、『レインマン』（トム・クルーズがダスティン・ホフマンと共演した一九八八年公開の映画）など、一〇〇回くらいは観たのではないかと思います。

その時、ＥＣＣで英語を習っていた講師のバリー先生は、アイルランドの人でした。毎年、夏になって郷里に帰国する際に、日本人の生徒を何人か連れていき、短期留学させるというプログラムを個人として実施していて、中学三年の時、私はそれに名乗りを上げ、アイルランドでのサマースクールに参加しました。

一カ月程度の滞在でしたが、サマースクールにはヨーロッパの国々から同年代の子どもたちが集まっていました。彼らと片言ながら英語で交流するのが、楽しくてたまりませんでした。それで進学先も、八王子に新しくできた、国際科のある都立高校を選びました。

この高校は、残念ながら現存しないのですが、学区を越えて通学できたり、海外の学校で取得した単位も卒業要件として認めてくれたりと、当時としては斬新な試みに取り組んでいました。

そうした制度を利用して、この高校で二年生だった年に、私はアイルランドの高校に留学しました。日本とは年度の変わり目が異なるため、九月から翌年の夏までの一年間でした。

留学は波瀾万丈

ホームステイ先の家族もよい人たちでしたし、食事は三食つきで、部屋に洗面所もあり、洗濯までやってくれていました。ホームステイといっても、週払いで「部屋を借りている」という、「間借り」に近い形態でした。映画などで観ていたアメリカの家庭でのホームステイなどとはだいぶ勝手が違っていて、「イメージしていたものと違う……」と戸惑ったことを覚えています。

当地で通っていたのは、富裕層の子どもが集まるような修道院系の女子高校でした。アイルランドは単一民族性が高い国で、当時はいまよりもさらにその傾向が強かったため、外国人自体が珍しがられました。特にアジア系の外国人は、街ですれ違うこともないくらい少なかったという時代です。

日本では、私は英語が喋れるほうだと自負していたのですが、実際に現地に行ってみるとなかなかままならず、最初の半年は苦労しました。外国人であるうえに、コミュニケーションがスムーズに取れないことが原因で、輪の中になかなか入っていけず、つらいと感じることも多かったのです。

生徒の多くは学校には家の人に車で送ってもらっていましたが、私は徒歩です。ある時、足をくじいてしまった私が、痛む足をかばいながらひょこひょこと学校へ向かって歩いていたところ、同級生の何人かは車の中から「大丈夫?」と声をかけてきました。でも、「車に乗っていく?」と聞いてくれた同級生はいませんでした。

他方、この時のことを振り返ると、なぜホストファミリーに送迎をお願いしなかったのか、と思ったりします。彼らはつねに親切で、頼めば送ってくれたと思います。彼らの前では「大丈夫、なんともない」と言い、平気な振りをしていたのでしょう。

後日、痛みに耐えられず、ホストファミリーに病院に付き添ってもらいました。その時も心配してくれて、迷惑そうな様子はありませんでした。私は、負担をかけたくない、迷惑をかけたくないという気持ちで、自分で勝手に我慢していたのだと思います。

授業でグループワークをする際に、「あの子とは組みたくない」などと陰で言われたこともあります。その時は悲しかった。しかし、アメリカに留学した友人も、「最初はつらかった」と言っていたので、「まあこんなものかな」と思ってなんとかやり過ごしていました。

それでも最初の頃は本当に打ちのめされていて、週末ごとに日本の母に電話しては「帰りたい」と訴え、心配させたりしていました。インターネットもない時代なので、コインをたくさん握りしめて、公衆電話のあるところに向かうのです。日本の高校の友人たちとも、毎日のように手紙を取り交わしていました。

一年だけの留学なのに、冬休みにはわざわざ日本に帰国せずにはいられなかったほどの孤立感でした。しかし、いま振り返ってみると、自分から積極的に周囲の生徒たちとコミュニケーションを取ろうとしていたかは疑問です。留学したら、サマーコースで味わったような楽しい日々が待っていると勝手に想像し、期待していたのだと思います。

思い描いていた生活と大きく違ったことからストレスを感じ、食べることくらいしか楽しみがなかったために、半年で一三キロも太ってしまいました。ホストファミリーで出される食事の量が多かったことも原因のひとつです。「人の家で出されたものだから」という日本人的な感覚から、ついつい残さずに平らげてしまっていたのです。

お弁当として持たせてくれるランチも毎日、例外なくサンドイッチで、さすがに飽きがきます。ですが、当地では「おなかがいっぱいになりさえすればよい」と考えているようなところがあります。その点は、バリエーションが豊富な日本の食卓のほうが特殊なのかもしれません。

そんな中であっても、言葉も次第にわかるようになり、友だちもでき、習い事などもはじめます。少しずつであれ、当地での生活を楽しく感じるようになっていきました。小さな日本人コミュニティがあったことも、心の支えになっていたと思います。

その過程を通じて、ある「人生観」が私の中に築かれていきました。このことを思い返すと、いまでも自分のことを「健気だな」と感じます。

アイルランドでの最初の一年のあいだ、つらいこともいろいろあったけれど、楽しいこともたくさんありました。最初の頃はホームシックに駆られるようなことの連続だったものの、一週間のうち、「嫌な日が四日あれば、残りの三日はよいことがあるはず」と思い続けていました。

この「4：3」の割合は、私自身の経験値でもありますが、当時は、そう思うことで毎日を乗り越えていたのです。

人についても同じことが言えます。差別意識をあらわにするような人もいたけれど、全員がそうだったというわけではありません。先生は優しかったし、生徒の中にもよい人は多くいました。

よいこともあれば、悪いこともある。よい人もいれば、悪い人もいる。――当り前のことのようですが、孤独を感じがちな海外での生活を通じて、私は実感を伴ってその真理を体得し、その後も心の支えとしてきました。

そしてその人生観は、いまなお私の中で息づき、勇気や活力を与えてくれています。高校生の当時は、「悪い日が4で、よい日が3」という割り当てでしたが、おとなになってからはそれが逆転したような感じもしています。

ともあれ、そうやってアイルランドという異国で自分の居場所を見つけた私は、自分なりに留学生活を充実させていきました。

禁欲からの解放

海外に渡った当初の目的である「トム・クルーズ探し」などできる余裕は到底ありませんでした。それでも、ダンスを習ったり、現地の人々と交流したり、ステイ先の家から一人でオーストリアのザルツブルクに旅行に行ったりしていました。ザルツブルクで見た光景の感動は、いまでも忘れません。あの感動を超えるものは、今後も感じることはないのではないかと思います。

ザルツブルクを選んだのは、ミュージカル映画『サウンド・オブ・ミュージック』の舞台だったからです。

この映画は、ステイ先の男の子（ダウン症で当時一〇歳くらい）が大好きで、繰り返しビデオで観ていました。私にとっては、彼と過ごす穏やかなひとときが、一日の中で一番ホッとできる癒しの時間でした。夕食後、一緒に何度もこの映画を観ました。だから旅先では、映画のロケーションにもなった景色を実際にこの目で見ることができて、胸がいっぱいになったのです。

そうしてアイルランドでの一年間は終わりました。日本に戻れば高校三年の六月であり、もう受験準備もはじまっている頃合いであることはわかっていました。その時点で、将来やりたいことも見定められておらず、日本で特に行きたい大学もなかった私は、そのままアイルランドに留まることを決めました。

一応、日本の高校の卒業資格も取得しておいたほうがよいだろうという判断から、いったん帰国して卒業までは元の高校に通うことにしました。その前に、当地のコミュニティ・カレッジの先生に、「また戻ってくるので、その時は入学させてほしい」と相談した結果、帰国前に試験を受けることができたのです。

コミュニティ・カレッジの試験はそうむずかしくなく、それまで習っていたダンスを専攻するコースへの入学資格が簡単に得られました。この道を選んだのは、日本での熾烈な受験戦争に巻き込まれるのは避けたいという思いからでした。そのあたりには、「いかに楽をするか」という父親譲りの要領のよさが発揮されていたのだなと思います。

それから翌年三月に高校を卒業するまでは日本にいました。すでに進学先も決まっていて気楽な身分だったので、似たように海外での進学が決まっていた同じ国際科の友人たちと一緒に全力で遊び、バイトに明け暮れていました。

バイトは掛け持ちして、空いた時間さえあれば働く毎日でした。働くのが好きなのは、母の血も受け継いでいるからなのだと実感しました。当時はコギャルブームの影響を受け、髪を金に近い色に染めていましたが、その姿でパン屋の店頭に立っていました。それでも、食パンを切って袋詰めにする作業はほかのスタッフより速かったし、夕方の割引セールでの販売方法を工夫するなどして、楽しんで働きました。

アイルランドの女子校は修道院系で禁欲的な雰囲気でしたし、言葉もなかなか通じず、ほしいものも手に入らないなど、我慢することも少なくありませんでした。だから、帰国してからは解放感でもう楽しくてしかたがなくて、朝帰りなどもざらでした。

その頃が、人生でもっとも遊んだ時期だったのではないかと思います。あまりに遊びほうけているので、母が心配して、「早くアイルランドに戻って」とこぼすほどでした。

アイルランド再訪

日本での高校卒業後、アイルランドに舞い戻ってきた私が最初に住んだのは、ダブリン南部にあるシェアハウスでした。私はどこまでも運がよく、たまたま向こうで知り合った人と話が合って、条件のよい部屋を一緒に借りることができたのです。

当時のダブリンは、富裕層は南部で暮らし、ワーキングクラスの人たちは北部に住んでいると言われていました。

私は高校時代、ダブリン南部の家庭にホームステイしながら、ダブリン南部の高校に通っていました。そして二度目のアイルランド生活の際に選んだ住居も、同じ南部にありました。

　通うことになったカレッジはダブリン北部にありました。私は毎日、ダブリンの中心で電車を乗り換えて、南部から北部に通っていました。北部は治安も悪く、排外意識も南部より強いように感じました。当時はまだ多くなかったアジア系の私は、周囲の目線や雰囲気に不安を感じていました。

　北部に住んでいたアジア系の友人などは、住居の窓に卵を投げつけられたり、〝FUCK！〟などと日々叫ばれたりしていると、笑って話していたのを覚えています。

　その北部のカレッジに一年ほど通った時点で、自分が思っていたのとは「なんとなく違うな」と感じました。私は当時、モダンダンスを学んでいて、アイルランドにはそういうコースを設けているカレッジがふたつかみっつしかありませんでした。ダブリン南部にもダンスコースのあるカレッジがあることがわかったので、すぐに連絡し、試験を受けてそちらに移ることにしました。

　その段階で、住居も変えました。友人の知り合いにフランス人の画家がいて、本人は普段はフランスで暮らしているのですが、アトリエとしてアイルランドに一軒家を持っていました。そこに住んで家のケアをしてくれれば家賃はいらないというので、その話に乗ったのです。カレッジからも近く、家賃もかからないので、最低限の生活費で楽しく過ごせました。

この二度目のアイルランド生活は、四年に及びました。カレッジの課程そのものは二年間で修了するのですが、途中でカレッジを移り、年度の変わり目との関係でブランクが生じたりもしたため、都合四年になったということです。

基本的には日本の家からの仕送りで暮らしていました。でも働くこと、特に接客業が好きだったので、バイトにも精を出していました。週末などは、学生ビザで許されている範囲で、アイリッシュ・パブやタイ料理のレストランなどで働いていました。

ギネスビールの注ぎ方やアイリッシュ・コーヒー（アイリッシュウィスキーをベースにしたカクテル）の作り方なども、パブでのアルバイトで覚えました。私がバイトをしていた場所は、アイルランドのロックバンドU2のボノなどが住んでいるエリアだけあって、客層もチップもよく、けっこうな収入になりました。

この頃、アイリッシュの男性との交際を始めました。同じカレッジの写真学科に通っていた人です。私よりひとつ歳下で、芸術家肌のタイプでした。「よい人」ではあったのですが、お酒を飲むことが大好き。また、つねに一緒にいるのが当たり前で嫉妬深く、喧嘩も少なくありませんでした。だから、一緒にいてしんどい時もありました。

当時はそんな言葉すら知りませんでしたが、私が受けていたのはいわゆる〝モラハラ〟

だったような気もします。いまであればあのような付き合い方はしません。当時は、その国で生きていくうえでは、その国の人と付き合うことが、物事をスムーズにしてくれると思っていました。

やがて、そんなアイルランドでの生活にも終わりが近づいてきました。転籍したダブリン南部のカレッジでも、二年間の課程が終了しようとしていたのです。

私はさらにダンスを勉強し続けたいと思っていましたが、アイルランドはそもそも、私が学んでいた分野のダンスが有名な国ではありません。たまたまやって来ることになったアイルランドで、たまたまダンスを学ぶことになっただけでした。

ダンスの勉強を続けるなら、ニューヨークかロンドンに移住すべきなのかとも思いました。しかし、どちらの土地も物価が高く、在留日本人も多いことから、心が惹かれませんでした。そのままアイルランドに居続けるという選択肢がないことだけはなんとなくわかっていました。かといって、日本に戻るというのもピンとこずにいました。

そんな中、ある人が恰好のきっかけを与えてくれました。当時、近くに住んでいた日本人女性です。二〇代前半だった私に対して彼女は三〇代なかば。世代は違っていても、もっとも懇意にしていた人でした。

その彼女が、旅先であるチェコのプラハから送ってくれたハガキ――それこそが、その後、私の進む先を決めたのでした。

2 芸術の都、プラハへ

美しきプラハの街

「チェコは、ドボルザークやスメタナなど音楽も有名だし、芸術も盛んで、街もきれいだから、ももこも絶対好きなはず」

彼女からのハガキには、そう綴られていました。それを目にした瞬間、「そうだ、プラハに移住しよう」と突然思い立ちました。プラハなら、音楽も有名だし、舞踊などにおいても伝統があるだろうと思ったからです。

ただ、当時はインターネットを使って何かを調べるということはできなかったので、チェコという国について、また同国のダンス事情について知る術はありませんでした。まずは現地の様子をこの目で見てみなければと思い、その翌週、アイルランドからプラハに旅行に行きました。学生なら学割で航空券が取れるので、気構えなく行くことができます。

チェコに到着した時の第一印象は、「暗い国だな」というものでした。冬の寒い時期で、日も短く、街灯などもあまりなかったからです。「元共産圏の国って、こんな感じなのかな」と思ったのは覚えています。それでも、中世の趣を残す旧市街をはじめ、プラハの街の様子は本当に美しくて、たちまち魅了されました。

進学先として目星をつけていたのは、チェコにおける東京藝術大学に相当するような芸術系の教育機関である、「プラハ芸術アカデミー」（略称ＡＭＵ）でした。この大学は、音楽学部（ＨＡＭＵ）、演劇学部（ＤＡＭＵ）、映像学部（ＦＡＭＵ）からなり、このうちＨＡＭＵに「ダンス科」があるのです。

ふらりとそこを訪れてみると、タイミングのよいことに、まさに翌週、入学試験があるとのことでした。私はいったんアイルランドに戻ってから、次の週になってあらためてプラハに赴きました。入学試験にダンスの実技で臨んだところ、無事に合格し、聴講生の資格を手に入れることができました。

学校も決まり、ビザも申請できる。かくなるうえは、チェコに移り住もう。すぐに心が決まりました。

これも、いかにも私らしい行動だったと思います。その場その時の状況に応じて、進むべき方向を突発的に選び取っているわけです。ある意味で、私の人生はそういう咄嗟の選択のみで成り立っているのだと言ってよいかもしれません。

当時の私はまだ、アイルランドの彼との交際を続けていたのですが、彼との関係をその後どうするかといったことは、プラハへの移住を決めた時点では一瞬たりとも考えていなかった気がします。

逆に、これが彼との関係を終わらせるきっかけになるかもしれないとすら思っていた節があります。彼は結婚を視野に入れていたと思うのですが、おたがいに若く、仕事についているわけでもない。だから、現実的ではないと思っていました。また、「いまこの人と結婚するのは違う」とも思っていました。何かと手間のかかる人だったので、彼とつきあっていることは、私にとって負担になっていたのだと思います。

——私がチェコに移れば遠距離状態になる。自分だけの自由な時間もできる。そのまま自然消滅というのもありうるだろうと考えていました。

現地で人脈をつくる

さて、心機一転してはじまったチェコでの生活ですが、結果として、このプラハ芸術アカデミーには、足かけ六年も通うことになりました。それでいて、そこで自分が何を学んだのか、私にはいまもって把握できてはいません。

というのも、チェコ語を一言も話せなかったことや事前の情報がゼロだったということもあり、ここの入学試験を受ける時点で私は、自分がどんな大学の、どんな学科の試験を受けているのかが正確にはわかっていなかったからです。その後、勉強しながらようやく、「あ、そういう学科だったのか」と理解していったありさまでした。

私が在籍していた「ダンス科」は、じつは教育学部的な性質を持つ学科でした。ダンスの教師にとって必要なティーチング法などを専門に学ぶ学科で、授業全般が主としてアカデミックな内容だったのです。

私はニューヨークの芸術学校に通う生徒たちの青春を描いた映画『フェーム』に憧れていたこともあり、ダンス学校に進学したいと思っていました。だから、ここに入学してみて「ちょっと違ったな」と思ったことを覚えています。

その時々の状況に流されるままに生きていくと、そんなこともあるということです。言葉もわからないこの国で新生活をはじめるにあたって、当初、自分がいったいどう渡りをつけたのかは、いま思い返せば謎です。いずれにせよ、私がプラハで最初に住居として選んだのは短期滞在型のアパートメントで、大学にはそこから通っていました。

ハガキを送ってくれた彼女が言っていたとおり、チェコは街並みなどがとてもきれいで、毎日街を歩くだけでしあわせでした。アイルランドにいた時期に、ストレスなどが原因で増えてしまっていた体重も、スルスルと落ちていきました。アイルランドはアイルランドでよい国でしたが、チェコでの生活が私に合っていたようで、日々快適に暮らしていました。

ただ、知っている人が誰もいない土地でゼロからやっていかなければならない点はたいへんでした。いざという時の頼りになるのは、友人や知人です。現地での人的なネットワークを構築することが、私の中で最優先事項となっていました。

手はじめに私は何をしたか。それは、巻き寿司を作ってカフェを巡ることでした。特に調理の経験などはありません。「海外の人でも知っている日本の料理といえば、寿司だろう」という考えから、自宅でこしらえた巻き寿司を持参してカフェ巡りをしながら、「お店で寿司を出しませんか」と聞いてまわりました。

すると、あるカフェの人が、「うちで寿司ナイトをやろうかな」と言ってくれました。それ以降、私は毎週金曜日、その店に通いはじめました。そのカフェは、文化人やアーティストが集うようなタイプの店でした。

それを通じてコミュニティができ、そこに関われるようになったこと、知り合いが増えていったことが、私にとっては大きな恵みとなりました。それは、一人で家にいても果たせないことだったからです。

そうやって現地での知り合いが増えたことは、その後の暮らしを楽にすることにつながりました。バイト先の紹介や寿司イベントなど、あちこちから声がかかるようになったのです。

大学では当初、聴講生という立場だったため、全部の授業を受けられるわけではありませんでした。おかげで自由に使える時間が多く、つねに複数のバイトを掛け持ちしていました。チェコの名産品であるボヘミアン・グラスやアクセサリーのガーネットを売る店で働いている人からバイトしないかと誘われ、毎週末はその店でアルバイトをするようになりました。

さらに、その店で知り合った人が、たまたまタイ料理のレストランで働いていたので、「働きたい」と自分から申し出て、そのレストランでも働きはじめたのです。それ以外に、日本人の観光客を空港で出迎えてホテルまで連れていき、チェックインを手伝うガイドのアシスタントのような仕事もしていました。

観光地であるだけに、日本語を使うバイトは豊富にありました。日系企業がチェコに進出してきたタイミングだったこともあり、日本から来ている駐在員もたくさんいました。日系企業に勤める方のお子さんの家庭教師を務めたこともありました。また、日本食レストランの立ち上げスタッフに加わるなど、現地で築いたネットワークのお陰でバイトに困ることはありませんでした。

チェコでの私はそんな調子で毎日が充実しており、楽しく過ごしていました。一方、なんだかんだ続いていたアイルランドの彼は、やはり遠距離状態に耐えられず、浮気をしたことが判明しました。

これは関係をちゃんと終わらせるタイミングだ――そう思った私は、いったんアイルランドに戻り、彼に別れを切り出しました。四年以上は付き合っていたことになるので、さびしいとは思いました。でも、このまま遠距離恋愛をし続けるのは無理だとわかっていた。こうして彼との関係を終わらせることで、心から重荷のひとつが取り除かれました。

プラハ芸術アカデミーを卒業

そうこうするうちに、大学では聴講生のまま、あっという間に二年が過ぎていました。そのタイミングで、「本科生になることに興味はないか」と聞かれたのをきっかけとして、試験を受けてみたところ、外国人枠で合格できました。

本科生は毎年一〇人ほどしか合格できません。試験の結果、私は一一番目の成績だったため、補欠の一番目というポジションでした。本来はキャンセルが出ないかぎり入学できない。でも、外国人枠として授業料を支払うなら入れると聞いたので、親に頼んで払ってもらいました。

本科生となって一年半ほどした頃、「チェコ語での試験にパスすれば、チェコ人と同じ待遇で授業料は不要になるから、試験を受けてみたらどうか」と声をかけられました。チェコ語については、週末のバイト先で猛練習していました。一緒に働いているチェコ人と積極的に話すようになると、彼らも喜んで教えてくれました。また、個人的にも一緒に出かけたり実家に呼んでもらったりと、チェコ語に触れる機会がどんどん増えていました。こうして、いつの間にかカジュアルなチェコ語をマスターしていました。おかげで試験にも合格でき、以降は授業料がかからなくなりました。

チェコの総合大学では、最短三年で学士号を取得できます。いまはどういうシステムなのか定かではありませんが、当時、最大で六年まで在籍が許されるという制度がありました。つまり、本来なら一年で取得しなければならない単位を、二年に分けて取得してもよいということです。私はそれを利用してゆっくり勉強し、空いた時間には相変わらず、学生ビザで許される範囲でアルバイトに力を注いでいました。

もちろん、年限が来れば卒業試験を受け、卒論を提出して卒業しなければなりません。ある時期以降、私は、「そろそろ卒論を出すように」と教授から促されるようになっていました。私が卒業しないかぎり、「枠」が一人ぶん埋まってしまい、新しい学生を受け入れることができないからです。卒論は英語で書いたと記憶しています。教授たちはみな英語ができたので、それを認めてくれたのだったと思います。

このように学歴などを振り返るたびに、「私は絶対に政治家にはなれないなぁ」と思ってしまいます。政治家になるためには、学歴を証明できる書類などを提出しなければならなくなるでしょう。私の場合、各学校の明確な卒業年度などがあやふやすぎて、ともすれば経歴詐称を疑われてしまいかねないからです（じつは、ちゃんと問い合わせをすればよいだけなのですが）。

ともかくも、二〇〇七年にプラハ芸術アカデミーを卒業したということだけはたしかです。卒業したらどうするかということは、例によって、何も考えていませんでした。ある時「このままダンスの勉強を続けても、自分はプロのダンサーにも、教える側にもなれないだろう」と悟りました。自分の才能の限界を知ったのです。では、どうするかと考えても、日本に帰る気にもなれずにいました。ただ、大学を卒業すれば学生ビザは失効してしまうので、就労ビザを取得できる職場が必要になります。

いっそ、暮らし慣れたチェコで何か仕事を見つけて、ここで暮らそうと思っていました。当時、旅行会社に勤めるチェコ人男性と、結婚することを前提に付き合い、一緒に暮らすアパートの部屋を見つけ、手付金まで支払っていました。車も購入し、就労ビザの申請準備も進めていました。

ところがある日、よく行っていたタイマッサージのお店でマッサージを受けている時に、突然「あっ、これは違う」と思いました。これが自分の望んでいたことだったのだろうか――そんな疑問がふと頭をよぎったのです。

その段階まで話が進んではじめて、自分の思いとのズレに気づきました。私は、何ごとも実際にやってみないとわからないタイプなのです。いまでも何かに悩んだ時には、私はマッサージを受けにいきます。信頼のおける人に撫でられたりさすられたりすると癒されるとも聞いているからです。また、体の詰まりが取れると思考がクリアになるのか、滞っていたものがバァーッと動き出す感覚があります。

それで私は、手付金を支払ったアパートを解約し、車も売ることにしました。しかも、そのタイミングで彼に香港への転勤の打診がありました。将来の方向性が決まっていなかった時期だったので、彼と一緒に香港へ行って、新生活をはじめるのが一番しっくりきたかもしれません。私たちは「一緒に香港へ引っ越そう」とはなりませんでした。それには、私たちが当時飼っていたフレンチブルドッグが関係しています。

フレンチブルドッグと共に

じつは、チェコは「犬を愛する国」として知られています。公共の乗り物をはじめ、カフェ、レストランなどにも犬と一緒に行くことができました。私がチェコを離れたあとの二〇一六年には、犬の飼育数が世界一になってもいます。

おおげさに聞こえるかもしれませんが、犬の生活環境を最優先に考えるのがチェコ人なのです。犬にとって環境が悪いところで暮らすなんて論外だ、と多くの人は考えていると思います。

私が彼と香港へ一緒に行くとすれば、犬も連れていくことになります。ところがフレンチブルドッグは暑さに弱い。そして香港は、フレンチブルドッグが暮らすには湿気も気温も高すぎます。だから、私が香港で彼と同居することは、最初から選択肢として考えられなかったのです。そこで「あ、犬がいるから、香港と日本は近いし、私が日本に連れて帰るね」と言ったところ、彼はすぐに賛成してくれました。

そこで、この機会にいっそ結婚しておこうという話になりました。こうして彼は単身赴任のかたちで一人、香港に赴き、私だけが日本に帰国して、実家でそのフレンチブルドッグを飼うことになったのです。

犬を日本に連れていくには、検疫のため、最後に注射をした日から数えて、本国で一八〇日間の隔離が必要になります。一八〇日に満たない場合は、日本に到着後、検疫所で残りの日数を過ごさなくてはいけません。それは彼（犬）にとって大きなストレスになることなので、本国で隔離の日数を満たしてから飛行機に乗せることにしました。そのあいだは義理の両親に預かってもらっていたのですが、彼らも犬をかわいがっていたので、離れる日は号泣していました。

晴れて海を渡ってきたフレンチブルドッグですが、チェコでの自由な生活を彼から奪い、東京での制限の多い環境を強いてしまったのは人間のエゴです。これを書いているいまも、申し訳なくて涙が出ます。

そのフレンチブルドッグは、一二歳まで生きました。この子については多くの後悔があります。飛行機に乗せたことも、さびしい思いをさせたことも、私が不在中に亡くなってしまったことも……。後悔しても遅いのですが、もっと生きてほしかったなと思います。

彼が日本に来た翌年に、想定外でしたが、二四目の子を迎えることになりました。その子は埼玉かどこかで保護された女の子。里親が見つかるまでのあいだの預かりのつもりだったのですが、情が移ってしまい、そのまま引き取ることになりました。その子は一二歳になってすぐリンパ腫にかかり、一年ちょっと抗がん剤などで治療していましたが、私がロケ・コーディネーターとしてケニアに行った数日後に、父親の腕の中で息を引き取りました。

できるだけの治療はやったと納得はしつつも、最期の時に一緒にいられなかったことが悔やまれます。その時、私はケニアで、マサイの人々の結婚式の撮影に立ち会っていました。お祝い事だから羊を捌きます。絞められる羊は自分でもわかるのか、鳴き叫ぶのです。お肉は好きでしたが、やはり心は痛みます。そんなときに犬が亡くなったという連絡を受けたのです。その日から今に至るまで、私は肉を食べていません。

いまは、三年前に引き取った三代目の犬と暮らしています。うちに来た時にはすでに目が見えなくなっていた老犬です。噛み癖があり、なかなか引き取り手が見つからなかったようです。家に知らない人が訪ねてくると嗅覚でわかり、過敏になって興奮する。年老いていることもあり、体に負担がかかるので、いまの住居には家族以外は誰も呼んでいません。

その三代目の犬については、目が見えないという理由で「かわいそう」と言われることがあります。なぜ人は誰かを「かわいそうな○○」とカテゴライズするのでしょうか。本当に「かわいそう」なのでしょうか。だから同情するのでしょうか。

「かわいそう」という言葉の持つニュアンスと使い方には、自分も気をつけなければと思います。安易にかわいそうだなどと思わないでほしい。そう思いながらも、相手に悪気がないこともわかります。どちらかというとシンパシーを感じてくれていると思っているので、いつも「そうですかね？」と言って流しています。

チェコ人のパートナーとの別れ

話は戻りますが、その後、チェコ人のパートナーとはどうなったかということについても、お話ししておかなければならないでしょう。

香港と日本に分かれてはじまった結婚生活でしたが、最初の二年間ほどは、彼が時々、香港から日本の実家にいる私を訪ねてきたり、逆に私が香港に出向いたりしていました。いま思えば、彼との関係性は、その頃が一番良好で、安定していたと思います。

その後、彼は日本に転勤になりました。世界各地に拠点を持つ旅行会社だったのです。そうするとさすがに、両親と同居というわけにもいきません。どうしたものかと思っていたら、同じマンションの実家の隣の部屋がたまたま空いていたので、彼とはそこに入居することになりました。

さらに三年ほどすると、彼はマレーシアに転勤になり、再び遠距離生活となりました。しばらくすると、彼はふらりと日本にいる私の部屋に姿を現し、「会社を辞めてきた、日本に住みたい」と言いました。

どんな理由があったのかはわかりませんが、私には事前にひとことの相談もありませんでした。本人は日本で仕事を探す心づもりでいたものの、そう簡単に見つかるものでもありません。これからどうするつもりなのだろうと思いました。

やがて彼は、複数の外国人専門のタレント事務所に所属し、再現ドラマにエキストラのようなかたちで出演したり、雑誌などの仕事を受けたりしているようでした。その場限りの仕事ばかりですし、本人も何かを目指してやっているわけではない。収入も不安定でしたし、以前は勤務先が保証してくれた就労ビザで日本に住んでいた彼が、配偶者ビザに切り替えたまま、定職も見つからず何カ月かが経ちました。

外国人ということもあってキャスティングの需要もあり、小銭稼ぎができる。ギャラも悪くない。真剣に仕事を探さなくても、その日暮らしはできる。ただそれがいつまで続くかわからないという状況に、私はイライラしていました。いま思うと、彼は彼で不安だったのかもしれません。当時の私には、彼を思いやれるような余裕がなかったのだと思います。

彼との関係は次第にギクシャクするようになり、日々喧嘩をするようになっていきました。いっそ彼が浮気でもして、「別れてほしい」と切り出してくれれば楽だとすら思っていました。そうなれば別れる理由が明確になるからです。

幸か不幸か、彼は浮気などをするタイプではなかったので、そういう展開にもなりませんでした。その時は「この人と一生いるのだろうか。私の人生、こうやって終わっていくのだろうか。でもよい人ではあるし、離婚しなきゃいけない理由もないんだよな」とつねにぐるぐると考えていました。

白黒をつけたい性格の私は、ある日ついに、「離婚してほしい」と彼に伝えました。一度口に出した途端、理由がなんであれ、離婚すること自体が私の目標になり、その気がなかった彼に毎日のように訴え続けました。訴えは三カ月に及び、最後の頃はさすがに申し訳ない気持ちになっていました。最終的には彼も受諾してくれて、一人でチェコに帰ることになりました。

なんであそこまで離婚したかったのだろうか。いまとなっては不思議です。離婚したこと自体を後悔はしていないけれど、その判断が正しかったのかどうかはわかりません。勝手だったなと思いますが、その時はとにかく別れたい一心でした。

ただ、離婚が決まった途端、それほどまでに離婚したかったはずなのに、急に自分が取り残されたような気がしました。やはり、離婚すること自体がゴールになってしまっていたからだと思います。それが二〇一五年頃のことです。

私は結婚というものに向いていなかったのだと思います。自分が子どもを産むということを考えたことはないし、人間関係のうえで血が繋がっていることが最重要だとも考えていません。

以下は、プライベートなことなので書こうかどうか迷いましたが、日本で女性として生きていくうえでは、この問題を避けて通れないような空気感もあるので、あえて私の気持ちを書こうと思います。

日本に帰国してから、出産をめぐるプレッシャーみたいなものを感じることがありました。年齢的なことも関係しているのかもしれませんが、外国人と結婚しているという理由で、「ハーフ（その当時はハーフと言われることが多かったのでそのままの表現を用います）の子どもは絶対かわいいよ、産みなよ」「自分の血の繋がった子どもはかわいいよ」といったアドバイス（?）をもらったりしました。そしてこのようなアドバイスの多くは、同性から発されたものでした。

私は自分の選択として、子どもは産まないと決めていました。人にはいろいろな理由や背景があるのに、それも考慮せずにセンシティブなアドバイスをするのは無神経だと感じていました。そういう発言によって、傷つく人もいると思うからです。

言われるたびに、その無神経さを指摘しなければと思いつつ、相手に悪気はないことはわかるし、ここで変に指摘すれば空気を悪くしてしまうかもしれないという恐れも一方ではありました。だから、なんとなくスルーするか、愛想笑いをしてやり過ごすかしていました。

いまでは、ちゃんと指摘すべきだったと思うし、自分が人に同じようなことをしていないか気をつけるようにはしています。悪気がないから、空気を悪くしたくないから、居心地を悪くしたくないから……。そんな理由で対話するのを避けてきたことは多かったと思います。

ちなみに、彼と暮らした日本での部屋――すなわち、実家と同じマンションの、実家の隣の部屋は、現在は仕事部屋として使っています。食事は外食か実家で済ませます。料理はしません。

犬がいるので、生活環境を変えたくないというのが第一ですが、日中や出張中は両親に犬と一緒にいてもらえるという安心感もあります。今年で一五才になる老犬が元気でいてくれる限り、引っ越しや海外移住は考えるつもりがありません。

3　悪戦苦闘の末、ロケ・コーディネーターに

はじめての就労経験

さて、少し時間を巻き戻し、二〇〇八年ごろ、チェコから日本に一人で戻ってきて以降、私がどんな暮らしをしていたのかというお話をしたいと思います。

チェコで飼っていた犬と一緒に十数年ぶりに日本に帰国し、香港で単身赴任となったパートナーとは離れて暮らすことを選んだ私ですが、それはある意味で、私にとって渡りに船というところがありました。というのも、日本でのキャリアというものが私には欠けていたからです。これまでバイトなどはしてきたけど、二八歳になったというのにまともな職歴もありませんでした。

チェコでの生活は、暮らしやすくて楽しいかもしれない。ただし、将来日本に帰国したいと思っても、日本で働いた経験もない私が、その時になって日本で容易に仕事を見つけ、暮らしていくことができるのだろうか？　自分の属するコミュニティもない日本には、帰ろうにも帰れないという状況になりはしないか。このままで大丈夫なのだろうか？　そう

考えるようになっていました。

ならば、いったん日本に戻り、日本でキャリアを築いておきたい。チェコ滞在中、そんな思いに駆られていたのです。

先にも言ったように、チェコには日本企業の駐在員も多く、知り合いが何人もいました。そのうちの一人から、東京・築地で個人として広告代理店を経営している人を紹介してもらいました。

声をかけてもらえただけでも嬉しく、日本に帰国することになって、すぐに仕事が決まったこともラッキーでした。まずはなんでもやってみようという心構えで、そこに就職しました。雇用形態などは確認せず、理解もしていなかったと思います。帰国して、実際に事務所に行ってみると、自分が想像していたものとはまったく違う光景がそこには広がっていました。

オフィスは雑居ビルの暗い一室。雇い主は、人当たりのよさだけで仕事を取ってきているような人でした。仕事は取ってくるものの、はじめて就職した私でも感じるほど、仕事の進め方はいいかげんでした。私が仕事をしているそのすぐうしろで、「あー、二日酔いだよ」などと言いながら布団を出してきて寝てしまうような人だったのです。

その当時のことは、あまり記憶に残っていません。こんなことでも注意されるの？　管理されるの？　そう思うことも多々あり、ただ息苦しい毎日でした。

その会社にはもう一人、私より先に働いていた女性がいました。お子さんもいる人でしたが、彼女は自分の仕事もこなしながら、業界について何も知らない私に根気よく仕事を教えてくれました。彼女のおかげで、どうにか心が折れることなく会社に行けていたのだと思います。

ところが、私が少し仕事を覚えたくらいのタイミングで、雇い主は彼女を突然、解雇してしまいました。解雇の本当の理由は私にはわかりません。私がある程度仕事をこなせるようになっていたことも関係していたのか、雇い主がした説明は、「二人雇う必要もない」というような内容で、それを聞いた時に「フェアじゃないな」と感じたのは覚えています。仕事を教えてくれて、信用していた彼女を解雇したことは許しがたく、それなら私も辞めようと思いました。

ただ、退職に関してどう話を進めたらよいのかも、当時の私にはわかりませんでした。それである日、「辞めます」とひと言だけメールで書き送って、一方的に去っていくというかたちを取りました。社会人としては許されないような辞め方でしたが、自分の身を守るためにはそうするしかないと思ったのです。

働いているあいだは毎日、プレッシャーを受け続けていました。

思えばその頃から、職場で受けるハラスメントなどに対していかに自分の身を守るか、ということが私の中ではひとつのテーマとして浮上してきていました。その意識が、現在のＩＣとしての仕事にも活かされているような気がします。

モラハラとパワハラ

さて、これからどうしようと思っていた時、たまたま、映像制作会社のリサーチ部門からの契約社員の求人が目に留まり、面接を受けに行って採用されました。私が映像業界と関わりを持ったのは、これが最初です。

ここにたどり着くまでに、数社の面接を受けました。志望動機などは事前に考えて挑むのですが、「ダンスをあきらめて、なぜこの仕事がやりたいのか」「その年齢まで何をしていたのか」などと聞かれました。

ただ仕事が必要だから受けに来た、と答えるわけにもいきません。ポジティブな答えになるように答えても、興味なさそうな返事をされる。面接のあとは、人格を否定されたような気になり、毎回心が折れそうになりながら帰りました。契約社員として採用された時には、もう面接を受けなくてよいということ自体が嬉しかった。

そのリサーチ部門がやっていたことは、ひとことで言えばテレビ番組向けの「ネタ出し」です。

ただそこも、いまから思い返せば、上司となった人の振る舞いは、パワーハラスメントの定義を満たしていたと思います。当時は、まだハラスメントという言葉は一般的ではなかったのですが。その人のことは、「仕事はできるけれど、厳しい人」というように捉えられていて、特に問題視されている様子もありませんでした。

「今の若者は堪える力がなく、すぐ辞める」といった苦言は、当時から呈されていました。でも、若者がすぐ辞めるのには、それなりの理由がある場合が多いのです。そのへんの考え方は、いまでもあまり変わってないのかなと思います。

私が採用されたのも、雇った人がすぐに辞めてしまうために、つねに補充が必要だったということなのだと思います。

ある日、同僚となった男性から、出社しようとしたら具合が悪くなり、動けなくなってしまったと連絡がありました。私が最寄りの駅まで迎えに行き、話を聞いたところ、職場の環境にかなりのストレスがあったことから、体調不良になってしまったようでした。その時は「職場には合う・合わないがあるし、無理して続ける必要はない」といった助言をしたのですが、その後、彼が退職してしばらくしてからやり取りをした際には、とても元気そうにしていて安心しました。

さて、その会社での仕事としては、調べものが中心でした。「あれを借りてきて」「この本が必要」と上司や先輩に命じられて、図書館にしばしば足を運んでいました。東京都内の各区の図書館で貸し出しカードを作り、本を借りてくるわけですが、先輩らに本を渡しても返却期限までに本が返ってこない。すると、図書館からは借り主である私のところに返却の催促が来る。本来、本の又貸しは禁止なので、つねにうしろめたい気持ちもある。こうしたやりとりにストレスを感じていました。

また、金曜の業務終わりのタイミングで、翻訳や文字起こしをする映像などをわたされました。私の場合、一時間の映像を文字にすると五〜六時間かかっていたと思います。その作業で、週末があっという間に終わっていました。休めないだけではなく、「終わらせなければ」という焦りにいつも追い立てられていました。

社内にはピリピリした雰囲気が漂い、話しかけるタイミングが悪いと怒られます。ほかのスタッフが怒られていると、自分まで追い詰められたような気持ちになりました。

日本での就労経験がなかったため、「これが日本の社会なのであって、私が慣れてないだけだ。これをみんなは耐えているんだ」と思っていたようなところもあります。それに、年齢としてはその時点ですでに三〇歳に近づいていました。アルバイトとはいえ、飲食店で働くなどそれなりの経験を積んでもいたので、どんな環境であれ、それなりにうまく立ち回っていくことはできていました。

だから、その会社にも次第に慣れてきて、「まあ、このままやっていけるのかな」といったんは考えました。しかし、親会社から「正社員にならないか」という話を振られた時、気が変わりました。「正社員になったりしたら、これがずっと続くんだ。無理」と思ったのです。それでオファーを断り、すぐに会社も辞めました。

その後、あれこれとバイトをしながら「リクナビ」を見たところ、テレビ番組などのロケーション（以下、ロケ）のコーディネート会社からの求人が見つかり、その募集に応じました。そうして二〇〇九年からはそこで働きはじめ、それが現在にまで至る私のキャリアの起点となりました。

ロケ・コーディネーターの仕事

このように、日本に帰国後、安定した就労状態を築くには少々難航したものの、この会社に就職してロケ・コーディネーターとなってからは、私は順調にキャリアを形成していくことができました。

〈はじめに〉でも述べたとおり、ＩＣの資格を取得してからも、私はこの仕事を並行して続けています。ロケ・コーディネーターとしては、途中で会社から独立し、現在はフリーランスとして活動していますが、仕事内容そのものは基本的に私に向いていたようです。

ＩＣにせよロケ・コーディネーターにせよ、現場での「調整役」という点に違いはなく、業界内での位置づけや立ち回り方といった面をめぐって、両者には共通点も少なくありません。ロケ・コーディネーターとして得た経験が、ＩＣとしての仕事に活かされることもたびたびあります。

その意味でも、ロケ・コーディネーターというのがどういう職種であり、具体的にはどんな仕事をしていて、日々、どんな問題と直面するものなのか、ここでひととおり紹介しておきたいと思います。

私が就職したのは、アフリカ専門のロケを担う会社でした。テレビ番組やＣＭ、あるいは雑誌記事などに関して、アフリカでのロケが必要となった際に、番組制作会社などからの委託を受けるかたちで、現地でのロケに出向いていました。

その仕事は、お客さんからの打診をすべての出発点としており、打診には二種類あります。ひとつは、「こういう映像を撮影したいのだが、どの国がよいと思うか」というもの。もうひとつは、「この国で撮影したいのだが、撮影は可能か。現地はどういう状況か」というものです。

ロケをするには、まずは対象となる国から、撮影許可を取得します。そのために必要な提出書類などを揃える必要もあります。

撮影許可が下りたあとに、ビザが必要な国の場合、日本人スタッフ全員分のビザの手配をします。それと並行して、「撮影したい」という希望が出ている映像が実際に撮れるか撮れないかをめぐって、現地と交渉します。必要になる車両や宿泊、航空券などの手配もし、一同が現地に到着するまでにはすべて準備が整った状態にしておきます。

そして私自身も、ロケ隊と同じ飛行機で一緒に現地に向かうことになります。予算も限られているため、ロケの前に下見をする〝ロケハン〟や、数日前に前乗りして準備をすることなど、ほとんどできませんでした。それだけに、出発までに確実に仕込みが済んでいないと立ち行かない仕事でもあります。

私の場合は、現地に着いたら、ぶっつけ本番で撮影に入ることが多かったので、スケジュールどおりに撮影を進めてすべてを撮りきるというのが、現地での仕事になります。もちろん、現地での通訳や食事などのケアも私が担当します。ホテルもロケ隊と一緒なので、二四時間、一緒に行動しているような状態です。

撮影が終わり、ロケ隊とともに帰国してからは、諸費用の精算を済ませてお客さんへの請求書を作成したり、番組が放送されるまでのあいだは、「当地の人口は何人なのか」「この情報は正しいか」「こういう点についてこの国のルールはどうなっているのか」といったさまざまな問い合わせに対応したりします。

何かと慌ただしい仕事ですし、時には月に二回も三回も海外へのロケに同行することになるため、ほとんど日本にはいないかたちになります。

ざっくり言えば、それがロケ・コーディネーターの仕事です。

なんでもやってくれる人

先にも述べたとおり、私には合っている仕事でしたし、会社も私にとっては居心地のよい職場でした。

同僚や先輩にも恵まれていました。何より、私自身の裁量で自由に働けるのが快適でした。仕事の性質上、会社に常駐している必要はないのです。どこかでロケをして帰国しても、精算だけ済ませた直後に、次のロケの仕込みをしたりしていました。

アフリカ大陸専門とはいえ、一度ご一緒させていただいたお客さんから、「今度は南米に行ってくれないか」「アメリカにも一緒に来てほしい」といった調子で続々と声がかかるようになり、対象とするエリアが次第に広がっていきました。

ロケ・コーディネートの仕事というのは、対象となる国がどこであれ、基本は一緒だと思っています。まずは現地に信頼できるコーディネーターを見つけ、彼らにやってほしいことを明確に伝えることが肝要です。彼らの力添えなくしては成り立たない仕事だからこそ、現地の協力者との関係を、私は大事にしていました。そうした信頼関係を礎として、私は多くの仕事をこなしました。

ただ、光もあれば闇もあります。理不尽な思いをしたことがなかったと言ったら嘘になるでしょう。

私の場合、ほとんどが男性で占められているロケ隊の中に女性一人で加わり、何日も、時には何週間も行動をともにするわけです。セクハラなどがあるのではと勘ぐる人もいるかもしれません。私自身の認識としては、そういう目に遭ったことはありません。

ロケ現場では、誰もが撮影することに必死なので、性別など関係なくなってしまいます。懸命に取材と撮影をこなし、あとは疲れて寝ることの繰り返しで、そんな余裕もないのが実情です。

ただし、パワーバランスのいびつさは、つねに感じていました。いまでも忘れられないのは、現場でスタッフに「コーディネーターはロケの現場における底辺」「コーディネーターは簡単な仕事だろ」と軽く言われたことです。「なんでもやるのが、よいコーディネーター」などとも言われました。特に女性のコーディネーターは、気が利いて、食事のケアも完璧にこなし、さらにそのほかの仕事も疎漏《そろう》なくやり遂げる役回りを求められがちだと思います。

問題は、当初、私自身もそれを当たり前だと感じ、すべての要求に応じられるのがよいコーディネーターだと思っていたことです。理不尽な要望にも応えなければと思っていました。怒鳴られたり物が飛んだりすることは、実際に現場で起きていたので、それが当たり前で、うまくできない私が悪いと思っていた節もあります。「これはおかしいのではないか」と気づくまでに、多くの時間がかかってしまいました。

たとえば、お客さんの希望する映像が撮影できないと判明した時に、そのことを相談しても、「撮れなきゃ成立しないんだけど、どうにかならないですか」「もう少しがんばってください」などと、相談の答えにならないような返事をされることは往々にしてありました。「邪魔だよ、どけ！」などと現地の人たちの前で怒鳴りながら、強引に撮影をする人にもたびたび出くわしました。ほかにも言い方があるだろう、といまは思いますが、そういう昔ながらの乱暴な流儀でことを進めていくタイプの人が、ある時期まではまだ健在だったのです。

そういう人からは、思ったとおりにことが進まないと、たとえ私の責任ではなくても、「いま、ナニ待ちなんだよ！」などと私が怒鳴られたりしました。明らかに理不尽なのですが、その時の私には「すみません」としか言えず、ただ「どうにかしなきゃ」と焦るばかりでした。

そういう態度の人をとがめるスタッフはいませんでした。そういう言動が許されてきましたし、いまなお許されているところがあります。「この人だから撮れるのだ。この人はおもしろいものを作る」と思わせるような人なら、多少の横暴な振る舞いは大目に見てもよいという認識が、現場ではまかり通っているのだと思います。

コーディネーターがいなければ海外ロケは成立しないという意味で、ロケクルーと私は対等な立場であるはずです。なのに、当時の私はとにかく、「気に入られなきゃ次の仕事に繋がらない、もっとがんばらなきゃ」と自分に言い聞かせていました。

ある人に対して苦手意識を持つと、その人にまつわるすべての事柄について、「何言っているんだろう」「無理に決まってんじゃん」「また何かおかしなことを言っている」とネガティブな反応を抱きやすくなるものです。数日一緒にいるだけなら我慢できることも、一カ月以上、毎日一緒にいるとなると、苦痛は募るばかりです。

それを回避し、現場の空気を少しでもよくするために、私はいろいろな工夫をしました。たとえば、表面上だけでもその人のことを好きになれれば、いろいろなことが耐えやすくなります。その人について少しでもよい面を見つけるようにして、毎朝、起きた時に、「ああ、あの人は一生懸命なんだな、がんばっているんだな」と自分に言って聞かせるのです。

ただし、ある時期からは、若手のスタッフも増えてきて、現場の雰囲気も穏やかなものに変わっていきました。たまたまそういう現場に加わることがあると、「ああ、こんな穏やかな現場もあるんだ。こういう現場を作りたい」と強く思うようになっていきました。

カメラの形態や性能も、時代とともに変わってきています。最近では、内蔵されているハードディスクで長時間の撮影ができるようになり、カメラ自体もどんどん小型化されています。昔はベータカムという、肩に担ぐような重たい巨大なカメラしかなく、ある程度の時間の撮影を終えるごとにテープを入れ替えながら続行していくほかありませんでした。

だから、彼らがつねにストレスに晒されていたのもよくわかるのです。しかし、そのストレスは、コーディネーターや制作スタッフにぶつけてよいものということが暗黙の了解になっていました。その点が問題だったと思います。

ロケ地まで一〇分間歩かせただけで、「何やってんだよ!」などという怒号が飛んできたのを思いだします。この業界に入ってから、怒られることに慣れたし、謝ることのハードルが下がりました。私が謝りさえすれば済むのであれば、それで何かが失われるわけでもないし、土下座でもなんでもしてやろう。本気でそう思っていました。

しかし、慣れたからといって、傷つかないわけではありません。当時のことを思いだすと、いまでも苦しくなります。失うものはないと思っていたけれど、やはり傷ついていたのだと思います。

相手は覚えていないでしょう。でも、私は忘れない。された方は忘れられないのです。大丈夫だと思ってやり過ごしてきたことについても、数年後のふとした瞬間に、傷の深さに気づくことがあります。自分自身でも認識していなかったいびつな関係性――その狭間から生まれるもののことを、ハラスメントと言うのだと思います。私自身も誰かに対して、似たような態度を取っていなかっただろうか……。そう考えると怖くなります。

重要なのは「代案」を示すこと

会社では、「お客さんの要望にはすべてイエスと答えることが一番大事」と教わりました。仕事ができるようになって、コーディネーターとして指名されるようになることが、自分にとってもっとも大切でした。

だから、お客さんの要望にはすべて応えたいと思っていました。背景にそれがあっただけに、私は出される要望すべてを拒まずにいましたし、現場で理不尽な扱いにあったとしても、それが仕事なのだから仕方がないと思っていました。

ロケ中に、一度だけ、あることであまりにも腹が立って、撮影クルーと食事をともにしなかったことがあります。その時のことは、いまでも忘れません。

私は泣きながら、一人だけ離れたところで背中を向けて食事をしていました。私が怒っていることは、クルーにもわかっていたと思います。プロフェッショナルな態度でないと言われそうですが、どうなってもよいと思っていました。

その時ばかりは、「残りあと一五日、一四日……」と指折り数えながら、ロケが終わるのを待ちわびていました。もちろん、ロケ中には、楽しいと思えることもたくさんあったし、よい思い出のほうが多い。ただし、嫌な記憶って、残るのです。

そういう扱いを受けた際にはきちんと抗議しておくのだったと悔やまれます。そういう時に自分が主張したり気持ちを伝えたりしていれば、その後の風向きが変わっていたかもしれないのです。

年齢を重ね、経験も積んだ今だからこそ、「あれは言うべきだった、ちゃんと抗議すべきだった」と思える。けれど、その時は言えなかった。「NO」と言う練習を私はしてこなかったのだと思います。断ったりダメと伝えたりすることには、パワーがいります。「はい」というほうが簡単な時もある。当時の私には、争いを避けるほうが楽でした。

ただ、それをしなかったばかりに、その人たちの横暴な態度や言動が、その後も当然の風習として通用してしまっていたようにも思えます。私自身が、「悪い前例」を作り出すことに加担してしまっていたのです。

そういう人は、誰に対しても同じ態度を取っているわけではないというのも、そのときに知ったことです。「この人なら大丈夫、許される」と思わせてしまったのでしょう。そんなふうに思わせてしまってはいけなかったのだ、と今では思います。

職場での立場上、理不尽な思いをさせられている人が「声を上げる」こと――そのむずかしさとたいせつさを、私はこの経験から学びました。それは取りも直さず、ICとしての私の仕事においても、中核のひとつをなしていると思います。

また、そうしてロケ・コーディネーターの立場で撮影現場を経験していたからこそ、その後、ICとなって、関わる現場が映画やドラマなどに変わってからも、業界特有のさまざまな事情を飲み込みやすくなっている気がします。

もちろん、「ロケ・コーディネーターがいないと、自分たちには何もできないから」と考え、対等な立場で接してくれる人も多いです。海外ロケの経験を積んでいる人には、その傾向が強いと思います。

一方で、「コーディネーターと喧嘩してこそ一人前、と先輩に言われた」と意気込んでくる若手ディレクターもいました。コーディネーターは現地サイドの立場から、「あれもできない、これもできない」と制限をかけてくる。「それに屈するな」という意味で、そういうことが言われているのだと思います。そういった意識が背景にあるため、初対面の時から喧嘩腰で臨んでくる人もいます。そうなれば、どうしても闘いになります。

現場の空気がよいとロケもスムーズに進むことが多く、ピリつくとすべてが裏目に出ることもあるのだと思っています。現地で撮影に協力してくれる人たちに、「この人たちと二度とやりたくない」と思われるか、「また協力してあげよう」と思ってもらえるか。この点こそが、コーディネーターが努力すべき部分だと考えます。

もっとも、そうしたせめぎ合いの中から私が学び取ったことが、もうひとつあります。それは、「代案を掲げること」の重要性です。

たとえば、ロケ隊が撮影したいと思っていた城に関しての撮影許可が下りない場合は、どうするのか。ただ「撮影できません」と言うだけだと、ディレクターも「撮れなきゃ成立しないんだよ」と困ってしまいます。

その時、「この城は無理でも、あちらの城なら撮影できます」とか、「この城の正面からの撮影は無理ですが、庭なら撮影可能です」などと代案を提示する。ディレクターは、何ができて何ができないのかがわかる。すると、方向性が明確に見えてくるので、納得してくれる場合が多いのです。

あとでくわしく述べますが、この点は、ＩＣの仕事とも構造が似ています。インティマシー・シーンに関して、役者さんにもできることとできないことがあります。たとえば、「胸を見せるのはNGでも背中ならOK」といった代案を伝えるかどうかで、話はだいぶ違ってきます。

ただ「できない」と言うだけではなくて、なんらかの代案を提示することが大事。その点が、ロケ・コーディネーターとICの似ている部分だといえます。

4　職場の体制への疑問からフリーランスに

懸命に働いてもお金にならない

いずれにせよ、ロケ・コーディネーターとして勤めたこの会社での居心地がよかったのは事実です。仕事のやり方もここで覚えることができましたし、ここでの仕事でつながったお客さんたちとは、いまもってつきあいが続いています。

ただ、ここで働き続けているあいだに、私の仕事のスタイルは少しずつ変わっていきました。

先に述べたとおり、当初は「お客さんからの要望にノーと言ってはいけない」と叩き込まれていたため、多少の無理があっても要望はすべて聞き届けるという姿勢で臨んでいました。そうすると、「西山さんはなんでもやってくれる」という評価になり、お客さんからの指名も増えていきました。たしかに、なんでもイエスと応じたり、どんな要望にも応えたりすることが、私の評判を高めているのだと思っていました。

でも、歳を重ねて経験を積んでいくほど、そういう姿勢に違和感を覚えるようになりました。仕事に対して自我が出てきたこともあります。最初は仕事を覚えるのに無我夢中で、ただ教えられたままのやり方で通していました。しかし、三年も経つ頃には、「そろそろ自分のやり方にシフトしていってよいのでは」と思うようになったのです。

たとえば、威圧的な身構えでこちらを見下すような態度を取り、上から目線で対峙してくるようなタイプの人に対しては、「だったらどうぞ、私の同行なしに現地に行ってきてください」という姿勢を示してもよいのではないかと思うようになったのです。相手がどんなポジションであっても、立場としては対等であり、お互いに一定の敬意を払うべきだからです。

ただ、会社員である限り、自分のスタンスや倫理を貫きとおすのはむずかしく、モヤモヤが溜まりはじめました。収入が心細かったことも不安材料になっていました。

給与は、基本給と、ロケに同行する際に支給される日当と年二回のボーナスで構成されていました。とはいえ、基本給に関しては、東京で一人で生活していくにはきびしい額でしたし、ロケに出なければ日当もボーナスも手に入りません。つねに安定した量の仕事があるわけでもありませんでした。そんな不安から、何よりも仕事を優先していました。

当時を振り返ると、いくつもの後悔が残っています。仕事を優先するあまり、友人との約束を守れなかったり、結婚式に招待されても、スケジュールが見えないという理由で出席しなかったりと、不義理ばかり重ねていました。

働き方への疑問

私にとって「師匠」に当たるような女性の先輩がいました。入社当時から仕事のやり方などをその人に教えてもらっており、尊敬もしていました。

彼女は産休と育休を取得しました。当たり前の権利を行使しただけです。ところが会社の代表は、私たちほかのスタッフが聞いているにもかかわらず、「育休を終えて戻ってきたら（会社として彼女の処遇を）どうするのか」「幼い子どもがいれば、ロケに行くこともできない。そんな中で、どう利益を出すことができるのか」などと男性たちで話していました。

そういうことを話している人たちに、悪意があったわけではないと思います。ただ私は、会社にも多くのオファーをもたらすなど、並々ならぬ貢献をしてきた人が、どうしてこんな言われ方をされなければならないのかと憤りを感じました。また、私自身の立場に置き換えて考えてみて、将来に不安を覚えました。

たとえば体を壊して寝込んでしまったり、大きなミスをやらかしたりしまったとしたら、どうなるのでしょうか？　誰かが守ってくれるのでしょうか？　その瞬間に、この会社を辞めようと心が決まりました。

それまでにいろいろな職場を辞めた時と同じで、あと先のことは何も考えず、ただ「辞めます」とだけ宣言しました。まだ次の職場も決まっていませんでしたが、「ひとまず辞めよう」という思いだけは揺るぎませんでした。

ロケ・コーディネーターとして独立

こうして何の備えもないまま、ロケ・コーディネートの会社を辞めてしまった私ですが、結論から言えば、その後も仕事に困ることはありませんでした。

いままでご一緒させていただいたお客さんから連絡が来て、引き続き、個人としてロケ・コーディネーターの仕事を担うことになったからです。当時は、海外に赴いて撮影するような番組が多い時期でもありました。「個人として開業します」などと宣言したわけではなく、成り行きでそういう流れになったということです。

それが可能だったのは、現地のコーディネーターたちとの良好なパートナー関係を維持できていたからでもあります。私は彼らに対しては極力、誠実に対応しようと努めてきました。彼らに利益が出るかどうかなど、金銭的なメリットなども考慮しながら仕事を進めるようにしていました。

もちろん、最初からそういう態度で接してはいなかったと思います。

南アフリカでのことです。現地のドライバーがなかなかスムーズに動いてくれず、スタッフもイライラして、それを感じ取った私もピリピリしていました。彼に対し、キツい声のトーンで話をしていたと思います。私が強い調子で言えば言うほど、彼はうまく動けなくなっていたようでした。怒られたくないから、本当のことを言わなかったりしたのです。おかげで、現場には嫌な空気が漂っていました。

ある日、彼が、「具合が悪い」と訴えてきた時に、「ああ、これは私のせいかもしれない」と思いました。その時はじめて、ドライバーがいないとロケは成立しないということに気づいたのです。

私は、傲慢になっていたのでしょう。ロケをやっているのは私たち撮影クルーであり、ドライバーはただ運転を担当しているだけだと考えていたのではないか。彼が担っていた役目は、じつはロケに欠かせないほど大事なものだったのに、私はその点についてのリスペクトも抱かず、彼のダメな部分しか見ていなかった。謝れば済む話ではないけれど、すぐにそれまでの態度を反省し、彼に謝りました。

その時から「現地スタッフをもっとたいせつにしよう」と決めました。私が態度と考え方を改めてからは、ドライバーともうまくコミュニケーションが取れるようになり、お互いのストレスが減ったと感じました。そうすると移動中の車内での雰囲気もよくなり、話もしやすくなった結果、物事がスムーズに進むようになったのです。それを実際に経験できたのは大きかったと思います。

私が独立する際に力になってくれたのは、そうした現地の協力者たちばかりではありません。仕事を通じて知り合った同業者とも連絡を取り合っていたため、彼らの協力を得て、以前は守備範囲としていなかった国も撮影対象として開拓していくことができました。おかげで、フリーランスになってからも仕事はまったく減りませんでした。

お客さんたちにとっては、私がフリーランスであるかどうかは、本質的な問題ではなかったのだと思います。会社を通さない分、料金を安くできたこともあったとは思いますが、彼らにとって大事なのは、料金が高いか安いかではなく、ロケを一本任せて、きちんと仕事をこなしてくれるかどうかということだからです。

ロケ・コーディネーターに求められるものは何か。何を提案できるか。どんなつながりを駆使して何をやってくれるか。制作からの要望に対して、どのように打ち返すか。撮りたいものをちゃんと準備できるか。そういったことを調整するのが得意だという意味で、ロケ・コーディネーターの仕事に私は合っていたのかなと思います。

フリーランスになることを通じて私が身をもって知ったのは、料金を下げることでお客さんがつくわけではないということでした。それが、現在の私の仕事に対する姿勢や、それをめぐる倫理観につながっているのだと思います。彼らは、誰でもいいというわけではなく、ほかならぬ私のサービスに価値を認めてくれているのです。逆に言うなら、価値がなければお客さんは離れていくということです。

この仕事が好きかどうかと聞かれても即答はできませんが、向いているかどうかと聞かれたら、「向いている」と答えるでしょう。

このようにフリーランスとなった私ですが、これまで、自分で会社を立ち上げようという発想はありませんでした。会社の経営などに興味がないのだと思います。税金に関しても税理士にお願いしていて、数字的なものを把握できていません。毎年、「今年こそお金の勉強はしなきゃ」と思うのですが、なかなか進まないまま現在に至っています。

とはいえ、精算作業は得意です。好きではありませんが、きっちりやらないと気持ちが悪い。当たり前の話ですが、見積もった概算よりも実際の請求額が理由なく増えれば、確実に悶着の原因になります。現地でどんな経費が加算されるかは、実際にロケをしてみないとわかりません。よって、概算は多少の余裕をみた金額で作成します。そうして誰が見てもわかるようなかたちで透明性を高くしておくことが、信頼につながると考えています。

なお、フリーランスになってからも、ロケ・コーディネーターとしての守備範囲は主としてアフリカでした。アフリカだからこそ、私のやり方が通用していたのだとも思います。たとえばヨーロッパの場合、現地に住んでいる日本人の数も多く、現地の人のほうが情報はたくさん持っています。わざわざ航空券や宿泊料などを負担してまで、私を日本から連れていくメリットはありません。

アフリカ大陸に住んでいる日本人コーディネーターの数は、それほど多くありません。そういう意味でも、制作サイドの需要にはまったのではないかと思っています。そして、一度信用してもらえると、南米でもオーストラリアでも、あるいはアメリカでも同じようにやってくれるだろうと思ってもらえるのか、次第に活動範囲が広がっていきました。

日本のメディアへの違和感

ただ、年齢を重ね、経験を積むにつれ、「ずっとこれを続けていてよいのか」という疑問が湧いてきました。テレビをはじめとする日本のメディアに特有のある姿勢に対する違和感から、目を背けられなくなっていったのです。

おもしろい画《え》が撮れさえすれば、多少の犠牲は仕方ない――。私は次第に、その感覚に嫌悪感を覚えるようになってきました。まさに私自身が、そんな彼らの希望に沿って現地で調整し続けなければならない立場にあったからです。

時に彼らは、自分たちにとって望ましい回答を引き出すために、失礼な質問を意図的に現地の相手に投げかけたりします。それを通訳しながら、「この質問は本当に必要なのだろうか」と感じるような瞬間が往々にしてありました。そのまま通訳すると怒らせてしまったり傷つけてしまうこともあるので、言葉を選んだり、どのくらい失礼なことかをスタッフに説明したりしながら対応していました。

ロケ・コーディネーターというのは、現地の人々とのつながりが大事な職種でもあります。それがすべてと言ってもいいかもしれません。コーディネーターとして、この撮影が現地の人々にとっても利益になればよいという思いでこの仕事に携わっています。私たちのロケに関わることで、雇用がもたらされるといったかたちで、彼らの暮らしぶりが少しでもよくなればよい。そんな思いもあります。

一生懸命やってくれている彼らにとっては、それくらいしかメリットがないとも言えます。私との仕事を通じていくらかでも収入が増えるという点が、彼らにしてみればもっとも大事なことだと思うのです。

でもそのために、時に彼らの帰属する国に対し誤解を与えるような番組作りをし続けてしまってよいものなのだろうか──。そんな疑問を感じていました。

たとえば、現地で専門家にインタビューをしたとします。当然、現地のことはその専門家のほうがくわしい。なのに、事前に想定している答えやこちらが求める答えが得られないと、何度も質問を変えながら、望ましい答えを無理に引き出そうとすることもあります。あるスラムでは、多くの人が暴力などに関係なく暮らしている。なのに、一部のギャングの行状を映像として切り抜くことで、いかにも治安が悪そうな場所だと紹介したりします。

こういった切り抜き方は、現地に対する偏見を助長することにつながります。にもかかわらず、ロケ・コーディネーターとしてそこに関わった私が、それに加担してしまっているのではないか。それでよいのか──そんな釈然としない思いが、私の中でくすぶり続けていました。

私は、日本のメディアのそういう姿勢に腹を立てていました。もっとも、これは日本特有の問題ではなく、海外メディアでも一緒だと思います。海外メディアによる日本国内でのロケのコーディネートなどが増えてくると、どの国のメディアからもステレオタイプな日本を求められてウンザリすることが続きました。

「いまの日本を撮りたい」と言うので、いわゆる「外国人が思い描く日本」というステレオタイプとは違った場所を提案しても、結局は渋谷のスクランブル交差点や歌舞伎町、秋葉原などを撮影することで、相手は満足して帰っていく。撮影に満足してもらうのは嬉しい。でも、それは本当の日本なのだろうかと毎回、悶々としていました。

心の豊かさとは

「ステレオタイプなイメージ」は、ひとつの鬼門です。

たとえば、「アフリカ人は時間に対してルーズである」といったイメージ。日本人の目には、彼らが日中からダラダラしているように映るかもしれない。でも、アフリカ全土を見ても、実際の彼らはものすごく働き者だったりします。

仕事があれば、誰よりも一生懸命やる人たちが多い。ダラダラするのが好きなのではなく、仕事がないのが問題なのです。制作に携わる多くの人には、そういった本質的な部分まで掘り下げるような興味がない。

また、アフリカは何かと、貧困と結びつけて語られがちです。しかし、実際の現地では経済格差が激しく、貧しい人は貧しいとしても、一方で富裕な人はものすごく富裕だったりするのです。

それに、幸せのかたちは人それぞれ違うと感じます。金銭的に苦しいからといって、不幸であるとは限りません。南アフリカのタウンシップ（アパルトヘイト時代に設定された黒人専用居住区）であるソウェトの中に住む友人が言っていたことをよく覚えています。

彼は、「ここに住んでいるかぎり、みんな生活水準は同じだから、僕たちは十分に幸せだけど、ほかのエリアに住む人たちの暮らしぶりを見てしまうと、自分たちはどうしてこんなに貧しいのかと思ってしまう」と言っていました。他人と比較しはじめたら、幸せではなくなってしまったということです。

また、彼らにはコミュニティで助け合うという習慣があります。今日、食べられない人がいたら、近隣の人たちが食べ物を分ける。近所の子どもたちも、ほかの家族に交ざってご飯を食べている。助け合い文化のようなものが根づいているように感じます。

当人も生活に余裕はないのに、物乞いをしている人に小銭をわたしている姿なども見かけました。また、彼らはダメでもともとであってもお願いしてみることに、抵抗が少ないように感じます。聞いてもらえたらラッキーくらいの感じでいろいろ聞いてくる。だから、こちらも断りやすいし、余裕があればできる範囲で手助けすることもできる。

ただし、私が見たことや経験したことがすべてではありません。どこの国の状況であっても、よい部分と悪い部分がある点には、気をつける必要があります。

日本でもコミュニティにおける助け合いはあるのかもしれませんが、私が感じているのは、日本という国ではお金がないとただただ苦しいということ。社会の目も気になる。また、どこに助けを求めてよいのかもわからず、助けを求める際のハードルが高いようにも感じます。

アフリカ大陸のどこかの国に住んだほうが、私たちも幸せを感じられるのではないか。そんなふうに思うこともあります。もちろん、現地に住んでいる人々の本当の気持ちはわかりません。それでも、「日本に住む際の生きにくさ」のようなものは感じざるをえません。「他者との比較」というのは、やはりひとつのキーになっていると思います。「世界一幸せな国」として名を馳せたブータンも、外国からの情報が入ってきて、自分たちとの比較ができるようになってからは、幸福度が急落しているという話をどこかで聞きました。そうしたことを踏まえると、「幸福」っていったいなんなのだろうか、とも思うのです。

少し先の話になりますが、コロナ禍になって、私が仕事もせずに家にこもっていた頃、「大丈夫か？　元気にしているか？」と私の安否を真っ先に気遣ってくれたのは、アフリカ各地に住む友人たちでした。

きっと彼らのほうが生活はいっそう苦しいはず。それでも私のことを心配する「心の余裕」が、彼らにはあるのです。私は、「まあ仕事は減ったけど、なんとかやっているから大丈夫」と返していました。そのうちの誰一人、「生活がたいへんだからお金を送ってくれないか」などと打診してくる人はいませんでした。

こうしたやりとりの中で、彼らの心の豊かさ、他人をケアする気持ちの温かさのようなものを、まざまざと見せつけられます。私たちが彼らから学ぶべきことは、たくさんあるのだと気づかされるのです。

もちろん、私自身にも、偏見や差別意識がまったくないとは言いません。無自覚なまま、特定の対象を歪んだ目で見ている場合もあると思います。それでも、アフリカ諸国の人々については、私はある程度まで実像を知っています。

そんな私からすると、偏見やステレオタイプなイメージに満ちた、日本のメディアにおけるアフリカの扱いには、容認しがたいものがありました。

また、現地の人の「期待されるリアクション」が、「こういう画が撮れたらよいね」というかたちで、当地に向かう前からあらかじめ決まっている場合も少なくありませんでした。その映像が撮影できることを目指してロケをおこない、番組を作っていくという姿勢ていたのです。ロケの日数も決まっているだけに、その中で期待される「撮れ高」を目指すということが普通になっていました。そういう姿勢についても、疑問を感じていました。

ロケ・コーディネーターになって最初の三年間ほどは仕事を覚えるのに必死で、次の三〜四年ほどで自分なりのやり方を構築していくことができたと先に述べました。最後の数年、すなわち独立する一年ほど前からは、すでにそんな疑問が心に萌《きざ》していたと思います。

フリーランスになってからも、結局、その点は変わりませんでした。私は次第に、そうした違和感に疲れを感じ、日々、消耗するようになっていきました。

「現地の人を自分たちが消費している感じ」とでも言えばよいのでしょうか。「それでも何がしか、現地の人の収入になっているのだから」と思って割り切ることもできず、「これでいいのか」と思い続けていました。

5　インティマシー・コーディネーターへの架け橋となった突然の休業とコロナ禍

コロナ禍の直前にタクシー運転手から聞いた話

このままではいけない、という思いが決定的になったのは、日本が新型コロナウイルスのまん延、いわゆるコロナ禍に見舞われる直前、二〇二〇年二月六日にタクシーに乗った時のことです。当時のFacebookにも書いてあるので、日付にまちがいはありません。

その時たまたま乗ったタクシーの運転手さんが話しかけてきて、「私は六月でこの仕事を辞めるんですよ。四二年間この仕事をやってきました」と言いました。それで私が、「お仕事はどうでしたか?」と訊ねたところ、彼は「楽しかったですねえ」と感慨深げに答えたのです。

その言葉を聞いた時、「ああ、自分はいまの仕事を四二年間続けたとしても、その時に〝楽しかった〟とは絶対に思えないだろう。こんなに消耗しているのに」と思いました。この運転手さんの話を聞いたことで、自分がいかに無理を重ねてきていたかを悟ったのだと思います。

それでその翌日、「ちょっとコーディネーター業を休みます」とお客さんたちに宣言しました。

例のごとく、「次はどうしよう」といったことはいっさい考えていませんでした。もちろん、ICになるという発想も、その時点では持っていませんでした。退職金などもなかったですし、この仕事はつねに自転車操業なので、貯金はまったくありませんでした。すでに請け負うと答えてしまっていた仕事が三月に予定されていたので、そのロケには同行してコートジボワールまで行きましたが、それが最後になりました。以降はしばらく、私は完全な休業状態に陥ったのです。

それまでもそうでしたが、私は基本的に「これはまずい」と思えば、そのあとどうするのかといった具体的なことはいっさい考えずに、あっさりと立ち位置を変えてしまうタイプです。そんな私の特性については、最近になってから「私、やっとあんたに慣れた」と母親に言われて、笑ったことがあります。

ともあれ、休業宣言後は、折しもコロナ禍が襲ってきて、海外に行くような仕事はことごとく、したくてもできなくなっていきました。むしろ、これからどうするかをゆっくりと考えるよい機会になると思いました。

イギリスの友人からの電話

最初の緊急事態宣言や、一斉休校などがあった時期です。仕事はない。あがいても仕方がないのだからと、心置きなく休んでいました。そんな五月のある日、午前一〇時前後だったと思います。これといってやることもなくのんびり過ごしていたら、イギリスの友人から電話がかかってきました。

イギリスでロケをした際に、当地に在住する日本人として取材の対象とした女性でした。ロケ・コーディネーターは人とつながっていくこと自体が仕事です。その人とも、撮影後、友人としてつきあいを続いていていました。

彼女に「インティマシー・コーディネーターって知ってる?」と訊かれた時点では、私はその言葉自体、聞いたことすらありませんでした。

彼女が言うには、ＩＣになるためのトレーニングのコースがオンラインで開催される予定になっていて、ＩＣを育成しようとしている某企業がその費用などをバックアップしてくれるという話があるとのことでした。本来は彼女自身が受講したかったものの、時差などの問題でそれがかなわなかったため、代わりに私に勧めてくれたのです。

急いで〝intimacy coordinator〟についてネットで検索してみて、どういう仕事なのかはわかりました。

まるで馴染みのない分野の仕事ながら、興味を惹かれた私は、トレーニングのコースを開催する組織であるIPA（Intimacy Professionals Association）を彼女に紹介してもらいました。IPAは、ICを育成し、エージェント機能も兼ね備えた協会のひとつで、ロサンゼルスに本拠地を置いています。

ところがその時には、残念ながらトレーニングコースの枠はすでに埋まってしまっていました。でも当時の私は、講習費用を自腹で払ってもよいので受講したいと思っていました。その意向を伝えると、IPAの代表も了承してくれて、講習を受けることが許されました。

その時の受講希望者の募集に関しては、公募していたわけではなかったため、対象とする人員も制限されており、人づてでしか情報を得ることができませんでした。最初に私に電話で伝えてくれたイギリスの友人にしても、役者なので、その関係で声がかかったという経緯だったのではないかと思います。私は偶然、その話を聞きつけて、チャンスを摑んだということです。

受講料は、自分で払うつもりでいたのですが、「そういう仕事に携わることには社会的意義があるから」という理由で、費用を出してくれた奇特な人がいます。映像制作会社エポックル代表の大平進士さんです。

大平さんとは、もともとはロケを通じて知り合い、友人になりました。その後も、なんの見返りも求めずに何かと支援してくれているので、頭が上がりません（Ⅲでくわしく述べますが、ドキュメンタリー映画『であること』を制作する際にも賛同し、制作費のサポートをしてくれています）。

いつかなんらかのかたちで、その恩に報いることができれば、と思っています。

インティマシー・コーディネーターの講習は短期集中型だった

さて、ICを名乗るには、どうすればよいのか。海外ではトレーニングを受けていなくても、自らICを名乗って活動している人もいるようです。しかし、いまのところ日本では、海外の各協会や団体の講習を受講してICとしてのライセンスを取得する以外に方法がありません。ここでは、その講習がどんな内容だったのかを、簡単に紹介しておきましょう。

まずトレーニングを受ける前の段階として、面接がありました。その時は撮影の現場を知っているかどうか、即戦力になるかどうかを重要視していたと思います。

私の場合、ロケ・コーディネーターとしての経験があり、それを通じてテレビ業界のことも知っているというバックグラウンドがありました。面接にパスできたのは、そのおかげだったのではないかと思っています。実際に聞いた話ですと、残念ながらも面接が通らず、トレーニングまで辿り着けないというケースもあるようです。

トレーニングの課程がはじまるのは、面接にパスしてからの話です。

講習は、コロナ禍でなければ週一回で、それを何カ月にも渡って受講するのですが、私が受けた講習は集中講座だったため、二～三週間という短い期間に、連日、講義を受けなければなりませんでした。アメリカとオンラインでつないで、日本時間で朝八時から正午頃までレクチャーを聞きました。

レクチャーは当然、すべて英語であり、聞き慣れない単語などもあるので、正直、ついていくのはたいへんでした。学ぶ内容は、ＩＣという仕事の役割についてはもちろんのこと、ジェンダー・スタディーズ、ハラスメント、メンタル・ケア、コミュニケーションなど、多岐に渡っていました。

もちろん、現場での具体的な作業に即した、もっと実践的な事柄も学びます。たとえば、局部など見えてはいけない部位を見えなくさせるいわゆる「前貼り」についても、このレクチャーの中で勉強しました。

アメリカの場合は、前貼りは衣装の一環という位置づけであり、英語では〝modesty garment〟と呼ばれています。字義どおりには「慎み深い衣装」といった意味ですが、これは前貼りだけではなく、ニプレスや肌色のパンツなども含めた、プライベートゾーンを隠すための装備の総称です。

そうした装備について、「現場ではこういうものを使用している」とか「こういうシーンではこういうニプレスだとよい」といった実例が、レクチャーの中で紹介されていました。もっともそれは、あくまでアメリカにおける実例なので、日本の現場における実情には必ずしも即していないことがのちにわかってきます。ハラスメントなどについても同様です。

だから私としては、実際にＩＣとして働きはじめてから、日本の実情を知ったうえで、それについてあらためて勉強していかねばなりませんでした。その勉強はいまなお続けています。

ともかくも、レクチャーを受けるに際して勉強しなければならないことは、山のようにありました。

レクチャーがはじまるまでに読んでおくべき課題図書も指定されていました。コミュニケーション論や映像業界の基礎などに関する書籍ですが、もちろんすべて英語です。私は、日本語で翻訳が出ていないかどうか調べ、訳書が手に入るならまずそれを読んで内容を把握してから、原著に当たったりしていました。

私は英語ができるといってもネイティブのレベルではないので、そうした本を英語で読むのには少々難儀しました。耳で聞くレクチャーの内容も、咄嗟《とっさ》にすべてを理解するのは困難でした。

レクチャーの内容は録画され、当日中に動画のかたちで送られてくるため、毎日、それをすべて最初から観て復習し、内容を日本語に直して別途まとめる作業も必要でした。その後、夜になると、毎日のように小テストが出されるので、それにも解答しなければなりませんでした。翌日までにこなしておくべき課題も出されました。

それを二〜三週間に渡って連日、繰り返したのです。

すでに述べましたが、本来ならレクチャーはもっと長い期間をかけておこなうもので、課題図書などもその合間合間に時間をかけて内容を理解していくことができます。しかし、私の場合、短い期間に課程が凝縮されていたので、そのぶん、かかる負荷も並大抵のものではありませんでした。

それを考えても、今後、ＩＣを目指すなら、英語はできたほうがよいかと思います。英語ができれば、世界の動向も知ることができます。また、私の場合、日本に二人しかいない職種であっても、英語圏の国々の同業者と交流できたことで、孤独を感じずに済みました。

ともあれ、私はそのようなかたちで二週間から三週間くらいレクチャーを受けました。

その後、二週間ほど、復習のための時間が設けられたあとで、最終試験を受験し、面接を受けた上で、合否を告げられるという流れでした。

幸い、合格することができましたが、とにかくこれまでの人生で、この時ほど勉強したことはなかったと思います。あまりにたいへんだったので、ストレスで首が回らなくなり、チックの症状まで出てきてしまって、カウンセリングを受けにいったほどでした。

先生には、「慣れない勉強に精を出した結果かもしれないけど、症状が出たところで誰にも迷惑をかけないのだから、不安にならなくて大丈夫」と言われました。その時は気になっていた症状も、試験が終わり、気づいたら治まっていました。

それまでの私は、好運に次ぐ好運で人生を乗り切ってきていて、資格などを取得した経験もなく、勉強というものをあまりせずに済んでいました。本気で勉強したのは、これが生涯ではじめてであったかもしれません。

この経験のおかげで「もっといろいろなことを知らなければ」という思いに火がつき、四〇代に入ったいまになって、あれこれとほかのことも勉強するようになりました。

二足のワラジ

こうして私は、コロナ禍のさなかに、ＩＣの資格を得ました。

これはあとから知ったことですが、じつは日本にICが生まれたこととコロナ禍には、浅からぬ関係があります。

日本の撮影現場でICが必要になったとしても、コロナ禍でアメリカがロックダウンしていなければ、アメリカからICを呼んでいた可能性が高い。そうなると日本での育成や導入は、もっとあと回しになっていたかもしれません。

アメリカからICを呼び入れるかたちでことが進められていたら、私にしても、「そういう職種の人がいたのか」と思うだけで終わっていたのではないかと思います。そういう意味で、私にとってのコロナ禍は、自分の仕事を見直す大きなきっかけになりました。

さて、IPAはICのエージェントとしての役割も担っているため、資格を取得してからは、仕事を紹介してもらうこともできます。私自身、ICをはじめて務めたのは、そこから紹介された日米合作の作品でした。IPAは私のことをずっとフォローしてくれていて、いまでもやりとりはしています。

私としても、アメリカの現状がどうなっているかは把握しておきたい。よって、定期的にIPAとの対話は続けています。「こういう場合、アメリカではどうしているのか」といったことなども聞くことができるし、撮影をめぐる状況は刻々と変わり、IPAの人たちもつねに態勢をアップデートしているので、私も日本での状況を彼らに伝えながら、アメリカでの最新の動向などを把握するようにしています。

その一方で、日本国内でも少しずつICという職種への認知度は高まっていき、私がICとして依頼を受ける件数も増えていきました。日米合作作品も含め、これまでに私がICとして携わった映像作品は、すでに四〇作以上です。

現在はICの仕事のほうが主軸になりつつありますが、ロケ・コーディネーターの仕事も再開しました。コロナ前に一度は辞めようと思った仕事を再開した理由は、自分でもはっきりとは説明できません。長く休んだことにより、やっぱりテレビ――とりわけバラエティや旅もの、ドキュメンタリー番組が好きだということを思い出したのかもしれません。もしくは、アフリカに行きたい気持ちが強くなった可能性もあります。

いずれにせよ、番組制作の裏側に携わりたいという気持ちが強いようです。とはいえ、いざやるとなれば、これまでに書いてきたような腹立たしい場面に出くわすのを避けられないというジレンマが湧いてくる。ICになるための講習を通じて、ハラスメントなどをめぐる、以前はなかった知識を身につけたことで、余計に苦しい思いをすることもあります。

それでも、いままでのように愚痴として終わらせるのではなく、まちがっていると思うことに対しては、正しく声をあげていこうという気持ちが強くなりました。

ＩＣとロケ・コーディネーターの仕事を掛け持ちしている最大の理由は、掛け持ちすること自体が私にとって何よりの強みとなることです。制作現場を知っているからこそ共感できる部分がある。ＩＣとしての意見をどのように伝えれば、みんなが受け入れられやすいかなどを体感できるという利点もあります。

また、仕事の選択肢があると、気分的にも強くなれると私は考えています。どの現場にいても、正当なリスペクトを示してもらえない場合、「それなら私はやりません」と出ていくことができる。無理してその場所にいなければならないと思うと苦しいし、対等でいることがむずかしくなるケースも出てくると思います。

だからこそ、「これがダメでも、ほかの仕事がある」と思えるだけでも、気分は大きく違うでしょう。Ⅱでくわしく述べますが、現時点では、ＩＣとしての仕事だけで生計を成り立たせることは困難です。そのことを考えても、こうして二足のワラジを履くことは避けられない自衛策なのかもしれません。

かといって、私がＩＣとロケ・コーディネーターを兼業することになったのは、ことさらにそういう意味での「保険」をかけるつもりで選んだことではありません。単なる偶然に過ぎないのですが、そうした強みを持つことで、私自身がある程度、安心していられるのは事実です。

さて、私が資格を取ったＩＣは、日本においてはシステムの面で多くの課題があると思います。続くⅡでは、そのＩＣという仕事の実際と、日本の現場における問題点などについて述べていきたいと思います。

II

インティマシー・コーディネーターの仕事とは

前置きが長くなりましたが、いよいよ、ＩＣが現場ではどんな役割を持ち、どんな仕事をしているのかという話に移らせていただきます。

ＩＣの仕事とは、ひとことで言えば、ヌードなどの体の露出があるシーンや性行為などの性描写があるシーンに立ち会うコーディネーターとなります。俳優の同意のもと、どうやったら演出の意向を最大限実現させることができるかを調整する役です。俳優と演出の橋渡し的な存在と言われています。

通常、そういったシーンは、映画やドラマの中のごく一部を占めるに過ぎないため、ＩＣがその制作に関与する局面も極めて限られています。

撮影現場にＩＣが入ることがスタンダードになりつつあるアメリカなどでは、組合などがあり、ガイドラインもある。それゆえにシステマティックになっているので、個々のＩＣがその役割を果たすに際して迷う余地もそれほどありません。他方、日本ではＩＣがまだ十分に認知されていないため、日本の実情に即した試行錯誤が必要な段階だといえます。

ＩＣをめぐる仕組みがまだ完成されていないこともあって、報酬体系にも心もとないところがあります。それ以外にも、日本にICを根づかせていくためには、まだまだ克服しなければならない課題がたくさん残されています。

そうした日本特有の現状を、ロケ・コーディネーターの仕事との共通点なども糸口にしながら、ここで明かしていきます。

1　インティマシー・コーディネーターの現場と仕事の流れ

事前の情報収集がたいせつ

ICとして現場に入ってほしいという依頼を受けて最初にすることは、台本を読むことです。性的なシーンとはっきりわかる場面だけでなく、全体を読むことが必要です。そうすることで、全体を通して、「どの部分がインティマシー・シーンに該当するのか」とか、「ここは直接関係ないけれど、文字だけでは意図がわからないから聞いておこう」などと気になるポイントをピックアップして、監督に対する質問項目をまとめることができます。

該当シーンに関する質問は、それぞれのシーンをどのようにイメージしているのか、着衣なのか否か、肌の露出があるのであればどこまで見せるのを想定しているのか、どんな衣装なのか、といったことです。

私たちの仕事でもっとも大事なのは、事前にどれだけ精緻な情報を把握できるか。それがわからないと調整のしようもなく、いざ撮影時になって役者さんが、「ここまでやるとは思っていなかった」と動揺してしまうような状況になりかねません。

たとえば、台本にただ「AとBがキスをする」とあるだけでは、監督がそれをどのようなキスとしてイメージしているのかがわかりません。ソフトなものなのか、荒々しいものなのか、舌を入れるのかどうか――そういった違いに応じて、それを演じる役者さんの意向も変わってきます。

台本をもとに作成した質問項目を携えて、監督に意図やイメージをヒアリングするのが次のステップになります。

監督と話してみないとわからないことはたくさんあります。たとえば、登場人物の二人が「ともに一夜を明かす」と台本に書かれていたとしても、実際には性描写や肌の露出などを監督が想定していないこともあります。その場合は、シーンの撮影に私がＩＣとして立ち会う必要もないということになります。それでも、監督から聞き取った内容は役者に伝えます。「ともに一夜を明かす」という表現に対して、役者の誰もが疑問を抱くと思うからです。

次にすべきなのは、そのシーンを演じる役者さんたちに監督の意図やイメージを伝え、「どう思うか」とか「それを演じることに抵抗がないか」といった意向を確認することです。その時点で、どこまでがOKでどこからがNGなのかも確認しておきます。ここで大事にしているのは、「できるかどうか」ではなく「やりたいかどうか」です。同意とは、本人が明確かつ積極的にイエスと言うことであり、それ以外は同意ではないと考えています。

続いて、今度は役者さん側の意向を、監督またはプロデューサー側にフィードバックします。その時に気をつけているのは、「こうすることには抵抗があるようだけど、これならOK」といったかたちで代案を掲げて調整を図るようにすることです。

たとえば、裸になるにしても、「体の前面を見せるのはNGだけど、背中ならOK」という場合があります。ロケ・コーディネーターの仕事とも似ていますが、単に「NG」とするのではなく、そうした「可能な代案」を伝えると、何ができるのかが監督にもわかるので、「だったらこうしよう」となることも多いのです。

こうして双方の意向を往復させている過程で、監督が「このシーンでは黒い下着がよい」といった細部についての意向を新たに漏らすこともあるので、それも役者さんや衣装部のスタッフなどに伝えて、情報としてシェアしておきます。

私の場合、インティマシー・シーンをともに演じる役者さんたちには、相方にとってのNGがなんであるかをお互いに伝えておくようにしています。たとえば、「この人は、体のこのあたりには触られたくないそうだけれど、このあたりなら大丈夫」「キスする際に舌は入れないでほしい」といったポイントを、撮影当日だけではなく、事前にも伝えておくのです。

その段階で、基本的な枠組みについてはひととおりの整理がつきます。

それからは、撮影に向けての準備を進めていきます。たとえば、焦点となるシーンで使用するのは、どのタイプの肌色のパンツがよいのか、それとも前貼りが必要になるのかといったことを検討し、事前の打ち合わせをもとに、台本の描写に照らしてベストだと思うものを準備します（ちなみに前貼りを使用するのは、役者から事前に同意があった場合のみ）。私は、「見せなくてよい場所は最大限に隠す」というのをルールにしています。そうすることで安心感が生まれ、芝居にも集中できると思っているからです。

ＩＣが前貼りの手配までしている。そう話すと驚かれることが多いのですが、それはＩＣにとって重要な仕事のひとつであり、ＩＰＡから受けた講習でもそれについて勉強したことは、Ｉで述べたとおりです。前貼りなどについては、のちに詳述します。いまは、仕事の流れを追っていくことを優先しましょう。

いざ撮影開始

いよいよインティマシー・シーンの撮影当日になると、撮影現場に私が立ち会うことになります。その場でも役者さんたちにはあらためて、事前に決まっているとおりの段取りで本当に問題ないかどうか念押しをしています。人の気持ちは変化していくもので、事前の打ち合わせの際にはそれでよいと思っていても、その後の数日やその日のコンディションによって、気持ちが変わるといったこともありうるからです。

役者さんたちの了承が得られれば、リハーサルに入ります。私はそれにも立ち会い、その段階から、「最小人数でお願いします！」などと声かけして、現場に居合わせるのを最小限のスタッフに絞り込みます。宣伝用のスチールのカメラマンやメイキング映像を撮っているカメラマンにも声がけし、撮影本番は現場から出てもらっています。宣伝用に必要な写真撮りなどは、本番後に別で撮影したりします（こちらも最少人数でおこないます）。演じる側にしてみれば、肌などを見せるようなセンシティブなシーンでは、スタッフの人数が多いと負担になるだろうと想定してのことです。

必要最小限のスタッフをどう決めるか。たとえばアメリカの作品では、誰が立ち会うかといったことが事前に決められ、告知されていることが多いようです。日本の場合は、各部署に任せられていますが、みなさんが気を遣って最小限に収めてくれています。そうはいっても、「必要な人はいてください」と伝えています。必要な人まで出てしまうと、テイク数（撮影の回数）などが増え、逆に役者に不要な負担をかけてしまうことにもなるからです。

リハーサルが終われば、本番となります。私はそれに合わせて役者さんの着替えや前貼りなどの仕込みの手伝いをしたりします。撮影がはじまると、監督と一緒にモニター画面でそのシーンを見て、役者さんが見せたくないと表明していた体の部分が映り込んでいないかどうかをチェックします。そして、監督や役者の意向どおりの映像になっているかどうか、ほかに動きに不自然さが感じられる部分があったりしないかといったことを、監督と話し合いながら確認し、その結果を役者さんにもフィードバックします。

監督が言っていたこと、特に、「すてきだった、動きが自然だった」といったポジティブな感想は、会話の中で役者さんに伝えたりもします。役者さんは、「これでいいのかな」「この動きどう見える？」「相手はどうだろう？」などと逐一気にしているものです。よって、ポジティブな感想や、どうすればよりよくなるかといった具体的な助言を聞かされたほうが安心するし、芝居に集中できるという役者さんもいます。

逆に、監督が言いにくいと感じているネガティブな感想なども、監督の意向を確認したうえであえて伝える場合もあります。

撮影はテイク2、テイク3……と繰り返される場合もあります。私はその場にずっと立ち会い、毎回、役者さんたちに、「触られて痛くなかったか」「やりにくい部分などはなかったか」などと確認しています。

以上をもって、現場での私の役割はひとまず終了です。関わる作品ごとに、それを延々と繰り返しています。

逆に言えば、それだけしかやることがないとも言えます。関わるのはあくまでインティマシー・シーンだけなので、同じコーディネーターといってもロケ・コーディネーターと比べれば、やるべきことが極めて限られているのです。ただ、ICにとって一番重要なのは、コミュニケーションの取り方です。ここは毎回反省があり、一番むずかしい部分です。

ただ、ことがデリケートな領域に触れるだけに、気をつけなければならない点は少なからずあります。特に「大丈夫?」という声がけは要注意です。ことに日本人の場合、ただ「大丈夫?」とフワっと聞くだけだと、文化や習慣からか、たとえ本当は大丈夫ではなくても、「大丈夫です」と反射的に答えてしまうことが多い。だからその言葉を使う際には、「肩に触られたけど大丈夫?」「この手を引っ張られても大丈夫?」と具体的に聞くようにしています。

もうひとつ気をつけなければならないのは、できるだけ個別に話すようにすること。他者が居合わせている場で聞くと、嫌だと思う部分があっても、言いづらかったりするからです。また複数の役者さんがいる場合、一人がＯＫと言うと、ほかの人は、たとえ嫌でもＮＯと言いにくくなる場合があります。そこは注意が必要です。

役者さんは誰でも、一緒に演じる相手がどう感じるかをとても気にしていて、「相手の嫌がることはしたくない」と思っています。それだけに、事前に「ここまではＯＫ」という確認が取れていれば、その範囲内で安心して演技に打ち込むことができます。「できないこと」と「やってよいこと」をシェアしておくこと自体が、その場面を演じる人たちにかかるストレスを取り除くことにつながるのです。

「何ができるのか」を探してみる

ＩＣによる介入を必要としているのは、おもに女性の役者さんというイメージがあるかもしれません。作る側に男性が多い業界なので、意に沿《そ》わないことを女性こそが強要されているというイメージです。とはいえ、実際は男性の役者さんがＩＣによる介入を必要としている局面もあります。説明するために男性と女性のふたつに分けて書いてしまいましたが、ＩＣは、すべてのジェンダーを持つ役者のために存在しています。

男性の身体を持つ役者の場合、自らの意図とは関係なく、撮影中に体が摩擦などにより反応してしまい、困惑してしまうこともあるでしょう。そういうことが起きたとしても、まわりに気づかれにくいようにパッドを入れたり、重ね着したり、そもそも体を直接、接触させずに済む装備を選んだりといった提案もします。そこをケアするのも、ＩＣの仕事なのです。

あわせて気をつけているのは、台本で描かれている性的な嗜好などについてジャッジをしないこと。私が、世間話のような感覚で「これありえなくない？」とか「気持ち悪いよね」などと言ってしまったとしましょう。もしかするとその役者さん自身が、そのような嗜好を持つ当事者であるかもしれない。私がジャッジするようなことを言ったがために、その役者さんは自身の嗜好を明かせなくなるかもしれないのです。そういう意味で、言葉遣いには気をつける必要があります。

また、ＮＧの範囲などを伝える際に、それをその人特有の問題として取り上げるようなネガティブな言い方はしないことも大事です。たとえば、「あの人、これは嫌だと言っています」といった言い方をすると、その人がわがままであるという印象を相手に与えかねません。ＮＧはＮＧとして、「逆にこれはＯＫなので大丈夫です」などと、ＯＫな要素も同時に伝えるようにしています。

私の言い方次第で、相手に与える印象はだいぶ変わってしまいます。私の不用意な言い方が原因で、「(実際はそんなことがないのに)できないことが多すぎて、めんどうくさい役者だ」というネガティブなイメージを制作側に抱かせてしまったとしたら問題です。役者さんにとって損になるようなことがあってはなりません。だから、相手に悪い印象を与えないような言い方を心がけています。

そういった際の言い方・伝え方には気をつけなければならないし、それがむずかしい部分でもあります。伝え方や話し方については、もっと努力しなくてはいけないと自分で感じています。「あの時、ああいう言い方をしてしまったけれど、よくなかったな」などと毎回、反省しています。

終わったらすぐに立ち去る

事前に撮影内容を理解し、了承していても、撮影当日、「やっぱり嫌だ」と役者さんの気持ちが変わることもあります。嫌なことは嫌なのだから、そこは尊重すべきだと思っています。嫌なことをやるように説得するのが私の役目というわけではないのです。だから私は、「なぜ嫌なの?」とは訊かないようにしています。日本人は、何かと理由を聞きたがるところがあるので、そこは気をつけたい。英語で表現すれば「No is No」でしかありません。

昔、ロケ・コーディネーターの仕事でアメリカの動物園で撮影したいと言われ、現地に問い合わせたことがあります。電話をし、メールもしたけれど、返事はなし。それを制作サイドに伝えたところ、「撮りたいという誠意を見せれば、相手の気持ちに変化があるのでは」と返されたのです。実際、現地に到着したあと、手土産を片手にアポなしで動物園を訪問したところ、対応してくれた担当者は苦笑い。「No answer is an answer（返事をしないのも返事のひとつ）」と言われたのを思いだしました。

相手に誠意や熱意を見せればどうにかなる。日本の撮影現場では、そんな根性論がまかり通りがちです。しかし、世界の視点で見ると、嫌なものは嫌だと主張するケースのほうが多いのではないでしょうか。そういう意味で、アメリカの人々はNOと言うことにも、言われることにも、慣れているような気がします。

私も誰かに何かを断られたりした際には、躊躇なく「OK、わかった。またよろしく」と答えるようにしています。「なんで?」と訊いても仕方がありませんし、そのように訊くこと自体が相手にプレッシャーを与えてしまうこともあります。

だから、撮影現場で「これはできない」と役者さんに言われた場合も、できない理由は訊かずに、「わかった。ではこうだったらよい?」と別のやり方を提案してみます。嫌な理由は、相手が言ってくれることが多い。言ってこない場合は、言いたくない理由があるということです。だから、こちらから「なんで?」とは聞かないようにしたいと思っています。

いずれにしても私は、ICとしての自分の役目が終わったら、即座に現場を引き上げるようにしています。それも気をつけていることのひとつです。

ただ待っていても、「もう帰ってよいよ」などと言ってもらえないのが普通なので、「これで自分の役目は終わったな」と自分で判断できた時点で、「まだいたほうがよいですか?」などと確認した上で、現場を離れます。

ICを必要としていないシーンを撮影する現場に、私はいる必要がありませんし、いたら不要なプレッシャーを与えてしまう可能性があります。ICが姿を現すと、「あれ、そういうシーンがあったんだっけ?」という雰囲気になり、不安になる人もいるでしょう。だから、ICが不要なシーンの時は、現場から離れた場所で待機することにしています。

メイク部、衣装部、そしてインティマシー・コーディネーター

もうひとつ、先にも述べた前貼りなどの装備とICとの関わりについて、ここで補足したいと思います。

前貼りを含めた、衣装の下につける仕込みのようなものを準備するのも、ICの役目です。しかし、そもそもICという職種が登場する以前はどうしていたのでしょうか。あるいは、現在でもICを導入していない現場では、誰がそれを担っているのでしょうか。言うまでもなく、ICが導入される以前から、前貼りをはじめとする、隠すための装備そのものは存在していました。そして日本の現場では、肌に直接つけるものはメイク部で準備していたと聞いています。アメリカの場合は、前貼りなどを担当しているのは衣装部です。これは、Iで述べたとおり、前貼りなどが英語では〝modesty garment〟と総称され、「衣装の一部」という位置づけになっているためです。

以下はあくまで私の流儀ですが、撮影中、私はもっぱら、衣装が置いてある支度部屋を衣装部／スタイリストに断った上で一緒に使わせてもらっています。次は何に着替えるのか。その際にどの下着をつけてもらうのか。そういった細部を調整するためにも、着替えのタイミングに居合わせていたほうがスムーズにことが進むと思うし、衣装部／スタイリストにいろいろ教えてもらうこともできるからです。

役者さんが着用するものを衣装部あるいはメイク部と私のどちらが準備するのかも、事前に示し合わせておくことが多いです。

私が気をつけているのは、土足で彼らの領域に踏み込まないようにすること。ICとして現場に入るようになったのもここ三年ほどのことで、私のほうが教えてもらうことが多いのです。お互いにとってやりやすくなるよう、実作業に関してどう棲み分けるのかを事前に決めておいたほうが、何ごともスムーズに進みます。

以前、メイク部の方が「ＩＣのような専門の人がいると、私たちの負担は減るからありがたい。いままではメイクもやりながら、専門でない前貼りなども気にしなくてはいけなかった。忙しい中、前貼りを作るのはたいへんだった」と言っていました。また、衣装部の方からは「以前、私自身も役者も前貼りを使うような作品がはじめてだったので、準備したものが正しいのかどうかを含め、不安だった」という話も聞きました。

いまは、私が用意してきた前貼りを、私がいない現場などでも使っていただけるように、衣装部やメイク部の人にお渡しすることもあります。

装備を整える

どの現場に入る際も、前貼りなどに関しては、「私がやりましょうか？」と最初に申し出て、意向を確認するかたちを取っています。メイク部にせよ、衣装部にせよ、ＩＣが登場するずっと前からそうした下準備に携わってきた先輩です。そこは尊重し、相談するようにしています。

みなさん、私が持参する荷物に興味津々で、「これはどのように使うのか」とか「手作りの前貼りを見せてとほしい」などと言われたりします。逆に「こういう装備を使うとよい」と教えてもらったりもしています。

現場では、ＩＣは新参者の立場なので、その私が現場に入っていっていきなり「これはこうしてください」と一方的に指示するのは違うと思っています。彼らの立場を尊重しつつ、彼らにかかる負担を軽くするにはどうすればよいかを考えるようにしています。とにかく、私が現場に入ることで周囲の人がかえってやりにくくなるようなことは避けるように気をつけています。

現場で使える装備についても、トレーニングでひととおり勉強はしました。とはいえ、海外で使われているものは必ずしも日本での実情に即していなかったりするので、日本に合わせてアレンジする必要があります。そもそも、日本では手に入らないものもあるため、あれこれと工夫しながら自前で用意しなければならないケースもしばしばあります。

私の場合、スタイリスト兼デザイナーの友人が、貴重な援軍となってくれています。私が現場に携えていくべき前貼りなどを、私の求めに応じて作ってくれるのです。作品によって、大きめの前貼りがよい場合もあれば、小さめがよい場合もあります。そうした個々のケースに合わせて、私の要望をかたちにしてくれます。最近も、イスラエルのＩＣ

の友人から、彼女が作る前貼りの参考にしたいと頼まれ、航空便で数枚送ったばかりです。作品によっては、前貼りのバレ（映像に映り込んでしまうこと）などを気にしたくないので、可能な限り小さめなものがよいといった要望が出される場合もあります。それでいて、隠すべきものはしっかりとカバーできることも必要だったりします。

一方、ドラマなど制約が多い制作現場の場合は、「見せられる範囲が決まっている」ので、役者さんの気持ちの部分での負担が少なくなるよう、大きな前貼りを使って隠す範囲を広くします（ちなみに、地上波のドラマで前貼りを使うことはほとんどありません）。そうした個別のニーズに、その都度対応していく必要があります。

無駄に見せない。隠してよい部分は隠す。この二点をモットーにしつつ、下着をはいていても問題がない場合など、前貼りを使う必要がない時は、使わないと監督に相談した上で決めています。

くだんの友人とも、「このサイズがよいんだけど」「この部分をどうにかできないかな」などと相談しながら、毎回のように試行錯誤を繰り返しています。

その友人は、毎回、その時々のニーズに合ったものをかたちにしてくれているわけですが、彼女はそうした実務面で力になってくれているだけでなく、気持ちの面でも支えになってくれていると思います。相談できる人がいるだけで心強いからです。

それ以外にも、Amazonはつねにチェックし、「これは使えるのでは」と思えるものがあれば、とりあえず購入し、試してみたりもします。繰り返しAmazonから荷物が届くので、荷物を受け取る親があきれているほどです。

それ以外にも、秋葉原にある「大人のデパート」と呼ばれるお店に行き、どんな商品があるのかチェックすることもあります。私は趣味でポールダンスをしています。イベントの際に使う小道具や衣装をそこに買いに行ったりもしていました。どんなものがあるのかはだいたい知っていましたが、ＩＣの目線でお店を訪ねると新鮮に感じます。

装備の製作は試行錯誤の連続

そうした装備を実際に撮影で使うかどうか、また具体的にどういう装備を使用するかは、それがどういうシーンであるかに応じて決めています。

たとえば役者さんが下着姿になるシーンでは、あまり生々しく見せず、なおかつきれいに見えるように、下着が食い込まないようなパッドなど準備しておきます。そして、それを実際に試してみて、一番よいものを使います。

懸案事項をどう解決していくか――。そのことは、ＩＣとしての私の頭の中につねに浮遊しています。

とはいえ、購入したものの中には、役に立たないものも少なくありません。必要とされるアイテムが定まっていくにつれ、無駄な買い物は減ってきました。とはいえ、そうしたものの費用はどこにも請求できないので、私自身の経費として計上することになります。経費といっても支払うのは自分なので、仕事になる前にすでに赤字という状況も少なくありません。逆に、よいものを見つけた時の嬉しさには格段のものがあります。また、実際に使ってみて「すごくよかった」と役者さんやマネージャーさんから感謝された時などには、ただただ嬉しい。

いま述べてきたように、前貼りひとつ取っても、本当にケースバイケースなのです。地味な作業ですが、そういう部分にこそ、この仕事のおもしろみがあるのです。

なお、現場では、男性の役者さんにも、「こうやってつけて」と指導しながら前貼りを渡し、装着し終えてから私がチェックしたりしています。やはり誰しも不安なので、正しく装着できているかどうかチェックしてほしいとも言われます。私がテープを貼って補強したりもします。

前貼りを使う場合は、必ず事前に「次の撮影では前貼りを使うので、ヘア（陰毛）を剃ってきたほうがいいですよ」と役者さんに伝えています。テープで貼るので、毛があると剝がれやすくなってしまうし、剝がす時に猛烈に痛いからです。役者さんが剃ってくるのを忘れても対応できるように、シェーバーやクリームなどは常備しています。

これが、ICの仕事の実態とその流れです。ことがことだけにけっこう生々しい部分もありますが、やるべきことははっきりしており、やりがいもある仕事です。

2 〝正義の味方〟ではない

インティマシー・シーンに性別は関係ない

私が何よりも声を大にして言いたいのは、〝はじめに〟でも述べたとおり、ICは決して〝正義の味方〟などではないということです。

権力を持つ業界上層部の男性が振りかざす性加害やハラスメント、意に反する性的シーンへの出演を強要されることなどから役者を守るヒーロー――ICのことを、とかくそんな正義の守り神のようなイメージで捉えている方もいるかもしれません。しかし、ICを雇っているのは役者さんの側ではなく、映画やドラマの制作サイドです。私たちICは、演出側と役者さんの橋渡しをするのが役割であり、何かをジャッジしたり監視したりする立場ではありません。

また、前述しましたが、ＩＣが女性の役者さんだけのために存在しているという見方にも誤りがあります。ジェンダーに関係なく、人にはそれぞれ「嫌なこと」があります。撮影現場で役者さんが「嫌なこと」を強いられることがないように調整を図る。それが私たちＩＣの役目です。考えてみれば、インティマシー・シーンをどう捉えるかということに、性別や国籍は関係ありませんから。

「このシーンだけ、来てほしいです」と最初から範囲を限定した状態で、特定のシーンの台本だけが送られてくることもあります。そういう場合は、「まず、台本全体を読ませてほしい」と制作サイドにお願いしています。全体を把握したうえで監督と話し、個々のシーンにおける描写の意図がわかってからでないと、どのシーンの撮影に自分が立ち会う必要があるのかも決めることができないからです。

ＩＣを導入することがはじめての現場も多いので、まずはどのような流れで撮影が進むのかを把握する必要があるということを、その都度、説明しています。

新しい職業ということで、二〇二二〜二三年にかけて、かなりの数の取材を受けました。どの媒体にどれだけ取り上げてもらったのか定かではありませんが、三〇件はゆうに超えていると思います。目新しさがあり、時代の風潮にもマッチしていたから、それだけ取り上げられたのでしょう。

しかし、私たちはあくまでも裏方のスタッフの一人です。自分の信念はたいせつですが、モラリスティックな視点を仕事へ過度に盛り込むと、自分がしんどくなると思います。ですから、自分がどう思うかではなく、現場のみんなが気持ちよく仕事をするためにはどうすればいいかを、つねに優先して考える必要があると思っています。

仕事として完遂できるかどうか

毎回、タイプや考え方の異なる監督や役者さんたち一人ひとりの意向を確認して、調整を図る。ようは、人とコミュニケーションを取る。それこそがＩＣの仕事であり、そこがもっともむずかしい部分ではないかと思います。正直、自分でもあまり向いていないのではないかと、気持ちがへこむ瞬間も多々あります。

どんな状況であれ、仕事である以上は、きっちりと役目を果たさなければなりません。はじめたらきちんとやり遂げなければなりません。「こうあるべきだが、そうなっていない」などということは日常茶飯事。ある程度までは目をつぶって、柔軟に対応することを余儀なくされる局面もあります。

とはいえ、どこまで柔軟に対応すべきかについては、キッチリと線引きしておく必要があるでしょう。ここから先は譲歩できない——そんな自分ルールを明確にしておくことがたいせつだと思います。

メディアに取り上げてもらうことが多かったからか、「自分はＩＣに向いていると思います」とか「こういう仕事に意義を感じます」という内容の問い合わせなどを数多くいただきました。そういう方の多くは、業界内にしばしば見られるいびつな部分にメスを入れたいという心意気を持っている人だと思います。

そうした熱意——役者さんが不当な扱いを受けないようにしたいとか、彼らの安全を確保したいという思いももちろん大事でしょう。しかし、ＩＣはそれ以前に、どこまでも「コーディネーター」なのだということを忘れてはいけないと思っています。

「心意気」だけで務まる仕事ではありません。この仕事に意義を感じるか感じないかよりも、仕事として完遂できるかどうかが重要だと私は思っています。だから、ＩＣを目指す人には、「やりがい」とか「意義」を求める気持ちよりも、「この仕事の本質を理解したうえで務めよう」という姿勢を大事にしてほしいのです。

そのために何が必要なのでしょうか。ひとつの大きなキーとなるのは、映像業界そのものの仕組みを理解しようとする気持ちだと思います。

監督などが時として役者さんに理不尽なことを無理強いしてしまうことにも、それなりの理由や背景があります。作品をよいものにしたくて、よかれと思って役者さんにそれを求めている場合もあるということです。

もちろん、いくら作品をよくするためだとしても、ダメなことはダメという点に変わりはありませんし、監督などの考えのすべてを肯定する必要もありません。でも、役者さんにもやりたいこととやりたくないことがあるように、制作サイドにも「こうしたい」という思いがあるのです。彼らの希望がなんなのかを、明確に聞き出す必要があります。

それを踏まえた上で臨まないと、現場でICとしてうまく立ち回ることはむずかしくなるでしょう。「ICの役割はこうだからこうしてください」と一方的に意見を押しつけるのではなく、制作サイドの気持ちもある程度理解した上で、それに沿った提案をしていくことが必要です。

私が監督に意向をヒアリングした時点では見えていなかったことが、何日か経過してから明確なビジョンとなる場合もあります。そうした変更にも、柔軟に対応する必要があります。もちろん、撮影前であれば、役者さんに変更点を伝えてあらためて意向をたしかめれば済むことです。

本筋からは少しはずれますが、アメリカの状況を説明しておきます。撮影のコールタイム（出演するため、現場に呼ばれている時間）の四八時間前までに、変更などは役者に伝える必要があります。撮影前日に監督が急に思いついて変更したくなったとしても、変更は可能です。ただし、変更後から撮影まで四八時間を空ける必要があるため、もともとのスケジュールで撮影することができなくなるというデメリットが発生します。

また、映像業界では、たとえば「番組を何がなんでも成立させなければならない」といった使命感のようなものが幅を利かせています。それを果たそうとすることも、この業界における「正しさ」のひとつなのです。そうした考え方や立場を理解しておくことも大事です。

ただし、私はこの「正しさ」が業界の全員に当てはまるわけではないと考えています。その「正しさ」を誰かに押しつけるようなことはあってはならないし、「正しさ」を盾にすればすべてが許されるというわけでもないと思っています。

パワーバランスへの配慮

そうした点を考慮すると、ICを目指すなら、映像業界で働いた経験があったほうがよいのではないかという気がします。私の場合、ロケ・コーディネーターとして経験を積んでいたことがそれに当たります。

コーディネーターというのは、言葉のとおり調整役です。スケジュールをはじめとして、何かと人に振り回されることが多い立場です。それも含めて、人とのやりとりなどが苦にならないという人のほうが、負担を感じずにこの仕事がこなせるのではないかと思います。業界を知っていたほうがよいのでは、と書きましたが、業界特有の流儀や考え方にあまりに浸りきってしまっていると、それはそれでICの職務を果たすのが困難になると思います。業界の悪しき習慣に慣れてしまっていると、無意識にそれを役者さんに押し付けてしまう危険があるからです。

私自身、つねに疑問を抱き、「自分はまちがっているのではないか」と考える姿勢を維持しなければいけないな、と強く感じています。

わかりやすく言うなら、「台本に書いてあるんだから、それを承知で話を受けているんでしょう」「プロなんだからできるでしょう」という考え方などは、無意識のうちに頭に刷り込まれていたりするものだと思います。

私の場合、男性優位のこの業界で生き残っていくために、強くなることが避けられなかった面があります。そうした経験を踏まえているだけに、この業界でめぐり合う別の人たちに対しても、つい私と同じように「もっと強くあるべきだ」と思ってしまうのかもしれません。

そうした偏った視点は極力排除しつつ、業界全体の抱える問題点なども知ったうえで、自分の職責をどう果たしていくかを考え続けなければいけないと思っています。自分がどうしたいかではなく、「ある仕組みの中ですべてが動いているのだ」ということを理解して動く。そのうえで、違うものは違うと言えるような強さも必要になってくるでしょう。

どんな集団にも、パワーバランスが存在します。ICは、既存の構造としてそれを尊重しながらも、そのバランスを時には積極的に崩したり、あるいは中和したりしていくことが求められる立場です。

「プロデューサーや、キャストをケアする担当のスタッフなどがトレーニングを受け、ICを兼任することはできますか？」という問い合わせもありました。ICを新たに雇い入れる予算がないことから、そういう発想が出てくるようです。この問いには、「現場にICとして入るのであれば、ほかの業務は兼任できません」と答えています。

たとえば、プロデューサーがICを兼任したとしたらどうなるでしょうか。プロデューサーという職種をめぐっては、すでにパワーバランスが存在しています。キャスティング権などもあるプロデューサー相手に、「これはやりたくない」などと役者が相談できるでしょうか？　私が役者だったら、不安があったとしても、「大丈夫です。がんばります」と答えてしまうでしょう。

多くの人は、自分には「パワー」などないと感じているかもしれません。でも、パワーバランスはどんなかたちであれ、自分の周囲に存在しているものと思ったほうがよいのです。私自身、年齢が上がってきて、それ相当の経験も積んでいます。だからこそ、ものの言い方などに気をつけなくてはいけないと感じています。

仕事を請け負っている立場だから自分にはパワーはないとか、ハラスメントなどがあるとしても自分は「される側」のはず、などとつい思いがちです。しかし、別の立場の人からしてみれば、請負業者の一人にすぎない私にすら、威圧されるようなパワーを感じているかもしれないのです。

役者それぞれの思い

台本上のインティマシー・シーンについて、監督がどういうイメージを抱いているのか、事前に可能な限り具体的にくわしく把握する。なおかつ、その描写を役者に説明し、同意を得たうえで撮影本番を迎える。それがＩＣの仕事だと前節で述べました。

でも実際には、事前にすべてを把握しておくことはむずかしいものです。役者から質問されてはじめて、「ああ、この点について確認していなかった」とか、「台本のあの記述は、こういう意味だったのか」などと気づくこともあります。

前もって監督と話している時には、まだロケーションが決まっていなかったりします。

その後、ロケーションが決まってから、細部に違いが生じたりすることもあります。それでも、現場で進める内容が、事前の打ち合わせと違っていた場合は、そのままにはしません。一旦、撮影を中断してもらい、監督や役者さんなどの当事者と話し合います。

その話し合いをどうおこなうかなども、その場で判断しなくてはなりません。みんなの前で聞くと、役者さんに「いいですよ、やります」と否応なく言わせてしまう可能性がある。それが真の同意なのかどうか、判断がつかなくなります。真意がどこにあるのか、慎重に確認することがたいせつです。

日本では、空気を読めるのはよいことだと教わってきている人が多いような気がします。その場の空気を悪くしないため、本当は嫌なのに「いいですよ」と言っている場合も多い。一方で、そうするほうがよいシーンになると思うから、「いいですよ」と言っている可能性もあります。

こうした微妙な問題を、その場で判断するのはリスクが高いと私は思っています。あとでもめないためにも、台本上の描写が可能性として最大限どこまでを含むのかという点については、事前に話し合って、当事者間で合意しておこうと、制作側にも役者にも伝えています。

日本は制作側と役者の関係性を規定するガイドラインなどが存在しないため、役者さん本人がそれでよいと言うのであれば、私がそれを止める理由はありません。だからこそ、両者のあいだに入ってバランスをどう取るのかがむずかしくなるのです。

実際に、初顔合わせの際に、「私は監督の意向を尊重します」と役者さん本人から言われる場合もあります。役者さんは役者さんで、作品をよいものにするために最大限の力を発揮したいと考えているのです。

役者本人はNGだと思っていないにもかかわらず、ICが現場に入ることで、できないことが増え、表現の幅が狭められてしまうのではないか。そんな危惧を抱く人も現場にはいます。

私がそういう立場でないことは、言うまでもありません。

忖度をどう考えるか

しばしば実感するのは、この仕事は「忖度していては成り立たない」ということです。日本は、何かと忖度がものを言う社会です。海外から戻ってきて日本でキャリアを築いていった私も、いつしか日本社会に内在するそのルールに慣れていき、ICになってからも、当初はそれなりに忖度を働かせていました。

ICという職種は、日本の撮影現場ではまだ馴染みの薄い存在です。はじめの頃は、役者のみなさんは多忙なので、ＩＣとの打ち合わせになど時間を割きたくないだろう、と無意識に決めてかかっていたと思います。「なるべく負担がかからないようにしよう。事前の話し合いはできるだけ短めにしよう。すべてを簡潔にまとめるべきだ」と思っていました。

ある時、「一五〜二〇分くらいで終わらせますね」と言いながら、役者さんに話を持ちかけたところ、その人からは逆に、「いや、ここは大事なシーンなので、納得するまで話し合いたい。二時間かかっても三時間かかっても気にしないでほしい」と返されたのです。

その時は、忖度をしたばかりにかえって真意をくみ取れなくなってしまう場合もあるのだと反省しました。自分の中で勝手にジャッジすべきではないのだ、と思い知らされたのです。実際、そういうことを意識していなかった初期の作品では、必要最低限の仕事しかできていなかったのではないかと、いまでも後悔を感じます。

この仕事をしていてしばしば感じるのは、「自分がどう思うか」「自分がどうしたいか」「自分がどう思われるか」ではなく、与えられた仕事をきちんとやることが最重要なのだということです。まわりに配慮しながらも、やるべきことをやり、自分の役割を果たすことが肝心なのです。

もちろん、しっかりとした信念を持ち、その人なりの軸を定めた上で仕事に臨むことは大事です。しかし、この仕事でたいせつなのは、信頼や信用といった人との関係性です。

自分の意向を優先して考えるようでは、現場がうまくまわらないでしょう。

ＩＣの役割は、あくまで監督が、あるいは役者さんがどう思っているかを伝え、相手の意見をもう一方に戻すことです。そこに私自身の見解は入れないように気をつけています。ただし、「ここはリスクが発生するかもしれない」とか「この表現は、あとで問題になるんじゃないか」と感じる点については、まず監督やプロデューサーに相談してみるようにしています。

ロケ・コーディネーターになりたてだった頃、ディレクターに怒られたことをいまでも覚えています。

たとえば、サファリ（野生動物観察）で、動物を撮影する現場を取材していたとしましょう。ディレクターが「ライオンは何を食べるんですか？」とレンジャー（動物管理官）に質問したりします。ロケ・コーディネーターの私は知識があるし、当たり前のことなので、「肉です」と答えてしまう。ところが、これはまちがいなのです。

私はわかっていても、レンジャーからは違う答えが返ってくるかもしれない。たとえ同じ答えでも、ロケにおいては、レンジャーがその問いに答えることに意味がある。この時私は、まずは人の話を聞くことがたいせつであることを学びました。

時々、通訳者の言葉を聞いていると、「あれ？　そんなこと言っていないのにな」と思う瞬間があります。その違和感は、通訳者の私見が入っていることに起因します。私が通訳する際も、理解を深めてもらうために説明や補足を加えることはあります。ただし、私の意見は加えないように気をつけています。

その点は、ICとして働く際も同様です。

たとえば監督が役者さんに要求する内容を聞いて、私自身が「それは無理でしょう。何を考えているんだろう」と感じていたとします。でも、それをそのまま役者さんに伝えたとしたら、どうなるでしょうか。

「監督はこんなことを言ってるんだけど、無理ですよね？」といった言い方を私がすると、役者さんの側も、それにつられて「本当にそうだよ、そんなのやりたくない」という反応になってしまいかねないのです。

また、その役者さんが、以前にも似たようなシーンを演じていたとしても、本人の意向を聞く前から、私のほうで「大丈夫じゃないですか、前もやっていたし」などと決めつけてしまうのも禁物です。前回はOKだったとしても、今回も同じとは限らないからです。

このように、言葉の選び方に関しては注意して、特に曖昧な言葉は使わないようにしています。体の部位について話す時は、正確にどの部分の話をしているのかを細かく説明します。ひと口に「足」といっても、足首なのか、太もも近い部分なのかで、撮影の仕方も、演じる役者の気持ちも大きく変わってきます。

「このあたり」などと曖昧のままにしてはいけません。なおかつ自分の見解は極力、交えないようにすることもたいせつです。

境界線は、人それぞれ違います。太ももやお尻などがOKでも、足の指や足首にコンプレックスがあるという方もいるでしょう。一番隠したい部分や見せたくない部分は、人によりけりなのです。その人の境界線がどこにあるのか、それを知るのも私たちの役目のひとつです。

ものを「言いやすい雰囲気」とは

ICにとってもっとも大事な役割は、役者さんや現場のスタッフなどが安心できる環境を作り、彼らに気持ちよく仕事してもらうことです。それを果たすためには、相手が意見なり真意なりを言いやすい雰囲気をいかに作るかがポイントになってきます。

心理的安全性（自分の気持ちや意見などを安心して発言できること）という言葉をはじめて聞いた時に、それは私たちICにとって一番たいせつな言葉だなと感じました。

その言葉を友人から聞くまで知らなかったので、すぐに調べ、本なども読みました。自分の気持ちや意見を言うことでマイナスになると考えたり、自分の印象が悪くなるかもしれないと思ってしまえば、発言することをためらってしまうと思います。そうならないように意見を率直に言い合える心理的安全性の高い環境を作るのも、私たちの大事な役割のひとつだと考えています。

その点では、「ダメでもともとで、言うだけ言ってみよう。もしOKだったらラッキー」というアフリカの人たちの姿勢が参考になります。そういう心づもりでいれば、人に何かを頼んだり聞いたりする際のハードルが低くなるわけです。ロケ・コーディネーターとして仕事をしている時、現地の人に撮影を交渉する際など、普通だったら無理だろうと思うようなことでも、聞いてみたらOKだったといったことは、何度もありました。

そうした考え方を生かして、事前の打ち合わせやリハーサルのあいだなどに、「この場合、事後にしっかり下着をつけているのは不自然じゃないですか？」「これは男性的目線ですよね」「これって表現に問題ありませんか？」などと、私は思ったことを率直に言うようにしています。作品を観た人たちの気持ちが離れず、作品が損をしないようにという思いからです。

私ばかりが意見を言うわけではなく、役者さんやスタッフにも、「どう思う？」と聞くことは多いです。最終的に演じ方を決めるのは演出陣ですが、フラットに話せる雰囲気が作れると、多くの人が積極的に声を上げてくれるようになります。「西山さんが現場に入ってくれたおかげで、問題点などについて以前よりも話しやすくなった」「こういうシーンだからこそ楽しい雰囲気の中でできたので、緊張せず芝居に集中できた」と言ってくれた方もいます。現場次第ではありますが、センシティブなシーンだからこそ、ピリピリした空気は禁物だとも思っています。

性的な描写の有無にかかわらず、テレビドラマにせよ、CMにせよ、放送後に炎上してしまう場合があります。そういった作品は、その制作の段階から、必ずスタッフの誰かが「これはまずい」という危惧を抱いているはずだと私は思っています。

とはいえ、現場を支配しているのは往々にして、問題点を気安く指摘できるような空気ではありません。だから、結果としてその作品が、問題を抱えたまま世に出てしまうことになるわけです。

私自身も何度も経験してきました。「女性目線の番組を作ろう」と言いながら、制作サイドは私のほか全員が男性。女性がいたとしてもアシスタント的な立ち位置で、意見を言えるような立場ではない（意見を言う権利は全員にあるものの、言える空気ではない）。私が意見すると、「また西山さんが何か言っている」という空気が流れたりする。意見するだけで、カロリーを消費してしまう。それが続くと、「どうせ言っても無駄」とあきらめる姿勢になっていく。そうやって負のループに飲まれていくのです。

そういう経験をしてきたからこそ、危惧や危機意識をまっとうに反映できるような空気——すなわち「言いやすい雰囲気」を現場にもたらすことが、私の仕事の神髄なのではないかと思うようになりました。

もっともその点については、いつもうまくいくとは限らないのが本当のところです。プロなのですから、本来ならいつでも完璧に仕事をこなせなければならないのですが、思うようにはいかないケースもゼロにはできません。その多くは、コミュニケーションの取り方をめぐる問題に起因しています。

この仕事をはじめてまもない頃、役者さんから、「ICが現場に入ったからといって、やりたくないことをやらずに済むようになるわけではないんだね」と言われてショックを受けたことがあります。

ICとは本来、役者さんなどが自らは口にしづらい訴えなどを聞き取って、制作サイドとのあいだで仲介するという役割を負っているはずの存在です。そのICである私が、逆に真意を口にしづらい雰囲気を作ってしまっていたのではないかと反省させられました。

以上のことから、私はつねづね、「ICとしての仕事を、私は十分にこなせている」とみなしてはいけないのだと自分に言い聞かせています。ひとつの現場をこなすたびに、役者さんなどにとって「言いやすい雰囲気」を本当に作ることができていたかなどと、つねに疑ってかからなければならないと思うのです。

3　変化していく現場

必要とされない現場からは去る

もうひとつ、この職種に必要な適性を挙げるとすれば、それは耐久性と、圧力に屈しない気構え、そして仕事以外の面でのセルフケアができるかどうかではないかと思います。ＩＣの仕事だけではなく、働くということは闘いの連続です。ある作品の制作サイドが、コンプライアンス上の理由などからＩＣの導入を決めたとしても、現場のスタッフ全員がそれを歓迎しているとは限りません。

初期の頃は、ＩＣのことを、映像表現の自由を狭める厄介な検閲者のように捉えている人もいたと思います。現在はどうかわかりませんが、「映画人にとってそんなものは無用の長物《ちょうぶつ》」という見解があっただろうことは推して知れます。

ある映画で私がＩＣとして現場に入る流れとなった時、初回の打ち合わせの冒頭では、本当にめんどうくさそうに、「何しにきたの？」という態度をあけすけなまでに示していた監督もいます。

その時点で監督は、ＩＣの導入に内心、反対だったのでしょう。最初に「怖いな」と思ったら負け。だからフラットな姿勢に徹しよう。まぁ、どう思われてもいいや。最悪、帰ろう……。私は現場でそんなふうに思っていたと思います。

最終的に「現場にいてくれてよかったです」と監督は言ってくれていましたが、ＩＣという存在に対する評価がどの時点でプラスに転じたのかはわかりませんでした。

おそらく先入観もあって、現場の人々――特に昔ながらの流儀に馴染んでいる人々は、ＩＣに対して警戒心や抵抗感を抱かずにはいられなかったのだと思います。それを解きほぐすために、「私はあなたたちの邪魔をする存在ではなく、同じように作品をよくしたいと考えているだけなのです」ということを、実際の仕事ぶりを通じて示していく必要がありました。

もっとも、ただ単に「現場にＩＣを導入している」という事実をもって、万能の免罪符にしよう、コンプラ対策だけのためにとりあえず導入しておこうといった、リスペクトの片鱗すら示さないような現場の場合、関わらないという選択肢もあります。逆に、名目はどうあれ、やるべき仕事をさせてくれるのであれば、できる限りの力は尽くしたいと思う気持ちも私にはあります。

他者へのリスペクトがない職場からは、ただ去ればよいだけの話だとも思っています。私がいなくてよいのであれば、いる必要はない。こちらからお願いして、スタッフに加えてもらう必要はないのです。そうは言っても、ここで私が降りたら役者さんたちはどうなるのだろうと心配になり、結果として最後までやったこともあります。ただし、いまはそうしたケースも少なくなり、よい現場ばかりに恵まれています。

ロケ・コーディネーターの仕事も一緒です。ダメなことはダメだと伝えて、改善されない場合は断ることもありました。特に海外ロケは、命に関わることもあります。そこがしっかり伝わらないと、演者だけでなく、スタッフの安全を守ることもできません。実際に「御社のお仕事は二度とお受けしません」「この番組には二度と関わりません」と通達したことが何度かあります。「言い過ぎちゃったな」とあとから反省することもありますが、後悔はしていません。

ＩＣの仕事をする以上は、「仕事をまっとうさせてもらえないのであれば、現場に入れてくれなくてもいいですよ。そのかわり、私の名前はいっさい出さないでください」と言えるくらいの強さがあったほうが、精神衛生のうえでもよいと思っています。

そういった物言いができるようになるためにも、ひとつの仕事だけではなく、別の仕事も持ち合わせておくほうが安心だと思っています。少なくとも私にとっては、それがいっそう好ましい状態だと感じています。

必要なのは図太さと耐久性

ＩＣという職業だけではありません。この業界にいると、つねに闘うことが求められていると思います。本来は闘う必要もなく、楽しく仕事をするのが一番であるはずです。ただ、いざという時のために、闘う方法は考えておくのがよいと思います。

喧嘩をしない。怒らない。みんなで仲良くする――。耐えること、がんばることに慣れてしまい、議論などしてこなかった私たちは、声を上げたり異議を唱えたりする方法を、誰からも教えてもらってこなかったと思います。だから、「無理なことは無理と言いなさい」と突然言われても、言えるわけがないのではないでしょうか。

私の場合、海外ロケの経験を通じて、怒ったり喧嘩したりする力が鍛えられた気がします。違うことは違うと言わねばならない。主張しなければこちらが一方的に損をすることもある。そんな理由で喧嘩をしてきました。喧嘩といっても、相手の人格を否定するわけではありません。喧嘩が終わって和解すれば、何ごともなかったかのように普通の会話をしたりもします。

喧嘩は体力を使います。でも、慣れればストレスは溜まらない。不当な扱いやまちがったことに対して正しく怒ることも、時には必要だと思うのです。

もっとも、これはハラスメントを容認しているということとは違います。怒る＝ハラスメントではないからです。ハラスメントは許されることではありません。その点には注意してほしいと思います。

映画の現場だけではありません、映像業界そのものに、いびつなパワーバランスが深く根を張っています。決定権を持つ側は、圧倒的に男性が多い。テレビの場合、局があって、制作会社があって、その下にフリーランスがいる。よく見れば、さらに細かいヒエラルキーが存在します。

ＩＣである私自身、そのいびつなパワーバランスの只中に置かれ、その中で闘うことを避けられずにいます。

そんなパワーバランスに屈さずにいられるだけの強さを持つのは、並大抵のことではありません。そのうえさらに〝正義の味方〟でいようとしたら、どれだけの胆力が必要とされるかもわかりませんし、そもそもＩＣは正義の味方でもなんでもないと私は思っています。一スタッフとして必要な仕事を遂行する。ただ、それだけの存在です。理想を高く掲げすぎると、相次ぐ闘いの中で、心が折れてしまうのではないかと思うのです。

嫌われることを厭わないような、ある種の図太さも必要です。好んで嫌われたいとは、私も思っていません。しかし、「私でなくてよいのであれば、どうぞご勝手に」という言葉をいつも心に持っておくようにしています。

そういう逃げ場を用意し、態勢を整えておかないと、圧力に負けて、長いものに巻かれていってしまう恐れがあります。そうなると、言うべきことも言えなくなってしまいます。この仕事は、長いものに巻かれてしまっては成り立たない仕事です。制作サイドの事情も理解しつつ、守るべきものは守っていかなければなりません。

いずれにしても、耐久性が必要とされる仕事です。

私自身は、けっこう体力があるほうだと思っています。体力があるから乗り越えられたことも多い。体と心は繋がっていると思うので、自分がいまどんな調子なのかは、いつも気にするようにしています。自分で解決できないほど不安になったり焦りが生じたりした時には、早い段階で心療内科のカウンセリングを受けようと決めています。そして、元気な時にこそ、自分に合う病院やカウンセラー、弁護士、税理士を探したほうがいいと思っています。

ここに至るまでの職歴を考えても、自らの耐久性に助けられてきた面は多々あります。ただ、無理なものは無理です。いままでは何をするにも自己犠牲を伴いがちで、その結果、不満やストレスなどを溜め込んでいた気がします。文字にすると陳腐に見えるかもしれませんが、最近になってやっと、「もっと自分をたいせつにしよう」と思えるようになってきたと思います。

ある時、フェミニズムについて書かれた本に出会って、目の前が開けた感覚を抱きました。自分が受けた理不尽な処遇や振る舞いなどに対して、「怒ってもよかったのだ」とはじめて気づいたのです。それまでは、「怒ってもよい」などと誰も教えてくれませんでした。フェミニズムに出会って、ICの仕事への向き合い方が変わったと思います。それでもシチュエーションや相手によっては意見を言いづらい場合もあります。しかし、そういう時はせめて「愛想笑いをしない」とか、「リアクションを取らない」といった対応で抵抗しています。

「〝インティマ〟っていつだっけ?」

二〇二〇年の八月からICをはじめて、あっという間に三年が経ちました。現場におけるICの認知度は、少しずつ高まりつつあります。「現場にICが導入されてよかった」と言ってくれる人も増えてきました。撮影の現場にも変化が出はじめているということです。

最初の頃は、「先生」と呼ばれたり、「何を、どうすればよいですか?」と聞かれたりと、ものものしい存在として扱われていました。ですから、私としても、「インティマシー・コーディネーターというのは、あくまでも制作側と役者さんの橋渡し役であり、調整をする一スタッフにすぎず、監査するような立場じゃないんですよ」と現場の警戒を解くところからはじめなければなりませんでした。

そのへんの実状は、ＩＣの導入が早かったアメリカやイギリスとは異なっているかもしれません。

私のあとにＩＣの資格を取得した日本人女性がイギリスにいます。ＩＣになったのは私より遅かったにもかかわらず、彼女のほうが当初からＩＣとしての十全な働きをまっとうできていたようです。イギリスではＩＣはよく知られており、雇用されさえすれば、ＩＣとしてすべき仕事を一〇〇％こなせる環境が整っているからです。

日本では、まずＩＣという存在を知ってもらうところから入らなければならないため、なかなかそれと同じ水準の務めを果たすところまで到達できずにいました。

ところが最近では、そうした入口での苦労がだいぶ減ったと思います。私の場合、リピーターもしくはどなたかの紹介で連絡くださる方が多い。近頃では現場に赴くと、前回とは違う現場であったとしても、必ず数人は顔見知りの人がいたりして、現場に溶け込みやすくなってきました。ＩＣという存在自体が、次第に日常的な存在とみなされつつある感触が得られているということです。

仰々しい扱いではなく、「スタッフの一人」といった受け止めになってきていることを、私としては嬉しく思います。二〇二〇年からこの仕事をはじめて、四〇作ほど手がけてきた中で、浸透の度合いはだいぶ高まってきました。

最近、感動したのは、現場でスタッフの人から「次、〝インティマ〟っていつだっけ?」と言われたことです。「次にICの立ち会いが必要になるインティマシー・シーンの撮影はいつだったか」という意味合いの質問でした。

「もう略語になってるんだ」と思いました。略語になっているということは、それがすでに当たり前のものとして認知されているということです。

この仕事をはじめてから、好意的な意見をいただくことが多くなりました。ICが導入されたことで「表現方法が広がった」とか「よりよいシーンになった」といった声を聞いたり、一度ご一緒した役者さんから次の現場に呼んでもらったりすると、ただただ嬉しい限りです。

映画なりドラマなりの作品は、私たち作る側にとっては、自分たちが携わった数ある作品のひとつなのかもしれません。しかし、ネット検索が当たり前の時代となったことで、出演した役者さんにとっては、そのあともずっと自分の出演作として残り、何かと引き合いに出される作品であり続けます。番組宣伝の写真や映像なども、見られ続けることになります。

あとになって、「どうしてあんな映画に出てしまったんだろう」とか、「あのシーンであんな演じ方をしなければよかった」などと役者さんが悔やむこともあるかもしれません。そういう思いを役者さんにさせないようなシーンを、一緒に作っていけたらよいなと思っています。

表現を洗練させるために

もちろん、現場で私にできることはごく限られています。事前に話し合われた内容以上のことが、当日になって同意なく求められていないかどうかを確認すること。役者さんが撮影に臨むにあたって、「ああ、今日の撮影は嫌だな」と思わずに済むような現場を用意すること。これらは、ＩＣの仕事内容としては最低ラインだと思っています。そのうえでいかによいシーンを作っていくか。そして、それをどれだけ手助けできるかが私の課題となっています。

そのシーンを演じた役者さんたちも、監督をはじめとする制作サイドも、「ＩＣが入ったことでこのシーンはよくなった」と思ってくれたとしたら、「自分が現場にいてよかった」と実感できるのではないかと思います。

これまでは、監督から「では、これから二人がセックスするシーンを撮るから演じて」という指示だけが下され、それをどのように演じるかについては役者さんに丸投げされているようなケースもあったようです。

そうすると、役者さん自身、どう演じてよいかわからないまま手探りで役をこなすかたちにならざるをえません。その経験が役者さん本人の中で、苦い記憶としてあとあとまで尾を引いてしまうようなことも少なくありません。実際、「あの時、あのシーンはもう少しうまくやれたはずなのに」といった声を役者さんから聞くこともあります。

そのシーンをどのように演じるかを当事者間で事前に了解し合うということは、本当に大事です。監督からも役者さんたちからも、どう思うか意見を聞きながら、シャツの脱がせ方、手の繋ぎ方、抱きしめ方などひとつひとつを決めていくということです。

そうした議論を経たうえで作っていったものがかたちになり、関係者一同が納得できるシーンが完成した時に、自分がICとして関与した意義が感じられるのだと私は思っています。

ただ、そうした話し合いの過程で、世代差というものを思い知らされる瞬間もあります。

たとえば、あるシーンについて、監督と私だけで、「こういう場合はこうだから、こうすればよいのではないか」と決めてしまうと、この二人のあいだだけで話が完結し、大事なポイントを見落としてしまう場合があるのです。

監督には年齢層が高い人も多いですし、私自身、すでに四〇代です。四〇代以上にとってはそれが当たり前であったとしても、二〇～三〇代の若い人たちは違う感じ方をしていることもあります。

そこで、実際にそのシーンを演じる若い役者さんの意見を訊いてみると、「いや、この役はこういう設定だから、こういう場合にはこうするのではないでしょうか」などと、監督や私が思いもよらなかった解釈で、別のやり方を提案してくれたりするのです。

そうした際に、「こういう若い人たちの感覚は、いまの私たちの世代には、もはやわからなくなっているのだ」と気づかされます。役柄に近い年齢の役者の意見を聞くことで、撮影するシーンをさらに一段、リアルに近づけることができることになります。

このように、表現を洗練させることにICも一役買っているのだとしたら、嬉しい限りです。ただし、ICを起用してよかったと思ってもらいたいあまりに、無意識にであれ、必要以上にその痕跡を残そうと考えてしまうことには、気をつけなくてはならないと思います。

私がICで参加した作品の某監督が、ある雑誌記事に最近、こんなことを書いてくれていました。

「これまで、セックス・シーンを撮る際には、なんとなく指示を出していたが、インティマシー・コーディネーターを導入することで、そのシーンのリアルさや生々しさがさらに際立ったり、逆に過剰な生々しさを抑えることにつながったりして、表現の幅を広げることができた」

同じ映画の撮影監督も、「これまで、男性である自分たちが、撮影のためとはいえ、女優に対して脱ぐことを要求したりする局面について、〝これでいいのだろうか〟という疑問を感じることはあった」と述べていました。演じる本人が不安を感じていることを承知していながら、撮影を進めざるをえないようなこともあったといいます。

その現場に、女性である私がＩＣとして入ることで、不安などが緩和されて、自分たちとしても「やりやすくなった」と言ってくれていました。

もっとも、現在、日本には女性以外のＩＣがいません。世界に目を向ければ、男性のＩＣもいますし、ノンバイナリー（自認する性が男性でも女性でもない、またはどちらでもあるといった、男性／女性の典型的な二分法に該当しない人を指す）など多様です。日本は制作される作品数が多いので、今後は日本のＩＣについても多様性が必要になってくると思います。

負担が減ったスタンバイチーム

ＩＣの導入によって現場に起きた変化といえば、これまで前貼りなどの装備を準備することを求められてきたスタンバイチーム（メイク、衣装など）のことを抜きにして語ることはできません。

従来、前貼りなどを準備していたのは、日本ではメイク部、アメリカでは衣装部でしたが、その構図が変わりつつあります。

ＩＣを導入していない現場では、いまもって彼らがそれを手がけていますが、ＩＣが現場に入る場合は、私たちが担当することが多くなりました。

スタンバイチームでもベテランになると「私たちはこんなの、前からずっとこうしてきた。前貼りならこういうのを使うといいよ」などと、むしろこちらが教えてもらうことのほうが多いのですが、みんながそうであるわけではありません。前貼りが必要とされるような作品に関わったことがない人もいます。

インティマシー・シーンがある現場にはじめて入る場合は、どうしたらよいか迷うことも多いと聞きます。ネットで検索しても情報は少ないし、目的にかなうぴったりのグッズが売られているわけでもない。手作りで用意してはみたものの、それが合っているのか自信が持てない……。

「慣れていないので、ちゃんとできているのか不安だった」と言っている人もいます。装着の方法などについて、「これで正しいのか」と迷いながらやっていたという人もいます。何もかも手探りの状態なので、本当にそれでよいのか確信が持てないままやってきた方もいるでしょう。しかも、メイクや衣装をめぐる本来の業務にそれが上乗せされていたわけで、たいへんだっただろうなと思います。だから、彼らの負担を少しでも減らすことができるのなら、それもＩＣが導入されたことの意義のひとつに数えてよいのではないかと思います。

私自身、いまでこそ、前貼りに関してそれなりの自信を持って対応していますが、はじめの頃は不安でした。前述の、前貼りを作ってくれている友人に相談しながら経験を重ね、少しずつ改善しています。演技で動いていても外れずにプライベートな部分を隠すことができ、役者さんが安心して演技に集中できるような前貼りを提供していきたいと思っています。

4 システム不全の日本

導入は二〇一八年から

少しずつであれ日本にも根づき、成果を挙げはじめているＩＣではありますが、この職種を取り巻く国内の環境や、報酬体系も含めた仕組みには、まだまだ未完成な部分が多く見受けられます。否が応でも道なき道を切り開きながら進んでいくことを余儀なくされています。

ここでは、英米をはじめとする海外のＩＣ先進国の実情との比較などを糸口にして、ＩＣの導入をめぐって日本の撮影現場が抱える問題点などを取り上げていきたいと思います。

そもそも海外で映像の世界にこの仕組みが導入されたきっかけは、二〇一八年ごろに遡ります。性描写の多いシリーズもののドラマに出演するに際して、ある役者が、「こういう立場の人を現場に入れてほしい」と申し入れたことからはじまったと聞いています。当時は、「インティマシー・コーディネーター」という呼称もまだ存在しませんでした。

その仕組みが、アメリカでは、#MeToo 運動の広がりとも相まって、同年中にかなりの範囲まで普及したと言われています。ICが浸透したアメリカでは、映像作品にICを起用するのがスタンダードになってきたと聞いています。インティマシー・シーンがあるのであれば、ICは「いて当たり前の存在」なので、それがどういう職種で、どんな役割を帯びているのかといった説明を求められることもありません。

私自身、日米合作やフランスの作品などにも、幾度かICとして参加した経験があります。アメリカではすべてがシステマティックで、インティマシー・シーンの撮影に関しては、香盤《こうばん》（出演する俳優の名前と配役とが、出し物の各場面ごとに書かれた表）にも当然のように「クローズドセット（最小限の人数）」といった注意書きがなされ、事前に全クルーに告知されます。

そこで私が確認しなければならないのは、モニターが消されているか、立ち会うクルーが実際に最小限になっているか、といった点です。それ以外にも、映像のプレイバック（録画したものの再生）はできないなど、日本にはないルールもあるので、注意が必要です。

アメリカでは、オンラインでSAG－AFTRA（米俳優組合）の設定するガイドラインを誰でも閲覧することができます。その内容が随時、アップデートされていくので、私のほうでも常日頃から気をつけて目を通し、最新のルールを押さえておかなければなりません。

すでに触れましたが、日本にはアメリカのようなガイドラインがありません。そのため、どうすべきかを決める権限のすべては現場にあります。それは、よい意味では自由度があるということですが、悪い意味では、無茶もしやすくなるということです。

センシティブなシーンだからこそ、関係者全員が共通認識を持てるルールがあるとよいと私は思っています。

予算と人材が不足している

二〇二〇年からの二年間は、自分が仕事を遂行することで一杯一杯でした。いまはようやく今後のことを考えられる余裕が出てきた気がします。とにかく、作品数に対してＩＣの数が少ない。どの現場にも入るのが当たり前にしていくには、日本でも独自にＩＣを養成する仕組みが必要になってくるでしょう。

ただ、そうしてＩＣが増えたとしても、それだけで問題が解決するわけではありません。ひとつの障壁となりうるのは、日本の現場における制作予算の乏しさです。ＩＣを導入する場合、いままでは必要とされなかった費用が別途発生します。

ここ数年、予算が十分にある現場の話など、私は聞いたことがありません。最初の問い合わせの連絡でプロデューサーが言うことは、「予算がないんですけど……」という言葉。

これはメールなどの冒頭で使う「お世話になります」とか、手紙の冒頭に書く「拝啓」という言葉と同じくらいの頻度で、この業界では使われていると思います。

現場にいると、たとえば配られるお弁当ひとつ取っても、予算が乏しいというのは本当なのだと実感させられます。その中で、ＩＣに支払う数万円をどう工面するかという部分が、日本ではまだまだ課題になっているのではないかと思います。

私の体感で言うと、一度下がった料金はその後、なかなか上がりません。理由のひとつとして挙げられるのは、低めの金額を提示されたとしても、私たちは結局どうにかしてしまう、ということです。すると制作側にしてみれば、「ほら、できたじゃん」という受け止め方になってしまう。ある意味、日本人的な責任感からか、「誰かがやらなきゃ終わらない、やるしかない」と無理を押してがんばってしまうわけです。

コストがかかってでもＩＣを入れたいという現場と、追加では払えないから入れないという現場があるはずです。ＩＣは、それまではスタッフの中に存在しませんでしたし、いなくても撮影はできていました。そういう存在の必要性をどこまで感じられるかということが焦点になります。だからこそ、いま私たちがどう振る舞うかが重要になってきます。入れなくてもよいと思わせてしまったら、この職が広まらない。当初からそういうプレッシャーは感じていました。

また、現場にＩＣとして加わってほしいというオファーがあっても、私自身がスケジュール上どうにもやりくりできない場合などには、結局、「それなら」とＩＣの導入なしで進める流れになりがちであることも、悩ましく感じています。

映画やドラマの撮影現場にはものすごく多くの人が関わっているため、スケジュールの調整がむずかしいことはよくわかります。

それでも、いなくてもどうにかなってしまうのは残念に感じます。ただやみくもにＩＣを増やせばよいわけでもありません。仕事の量に対して人員が増えすぎてしまった場合、仕事の取り合いになるでしょう。そうなると私たちも、お客さんのことを意識しすぎて、妥協する必要のないことでも妥協してしまう可能性があります。その結果、ＩＣという仕事に対する不信感なども出てくるかもしれません。

ＩＣのクオリティを保つためにも、適切な人数を育成していくことが求められていきます。

濡れ場が多い日本

じつは日本の現場こそ、ＩＣが切実に必要なのではないかと私は感じています。というのも、映像作品に性描写を挿入することに対するハードルが、日本では際立って低いと感じるからです。もっとも、映像作品における性描写の過激化は、海外でも起きていることです。背景にあるのは、サブスクリプションなど配信による視聴が普及していることのようです。

以前、ＩＣの協会であるＩＰＡの代表と世間話をしていた時、個人的に驚いたのは、アメリカで性描写のある作品は、映画よりもドラマに多いという点でした。「映画は家族で観るものである一方、ドラマなどはケーブル局の制作が多く、個人の選択で観るものだからじゃない？」というような見解を耳にしたのを覚えています。

日本で考えると、地上波のドラマには厳しい規制があり、ドラマではできないことが映画ではできるというイメージがあるかと思います。その点はアメリカも同じだと思っていました。しかし、有料のケーブルテレビの普及により、むしろドラマにこそ激しい描写が多くなっていると知って驚きました。

日本の映画の場合、劇場で公開するためには映倫（映画倫理機構）の審査を通す必要があり、その映画を観ることができる年齢制限の枠や規定などがそこで決定されます。一方、配信の場合はそうした制限や規制がなく、あくまでも自主規制の枠の中で公開することが可能になります。

サブスクリプションでの視聴が普及している現代は、ドラマでこそ過激な描写がなされるようになってきているのかもしれません。

ほかの国に目を向けてみると、たとえば韓国はどうでしょうか。以前のドラマなどでは、かつてはそれほど激しい性描写が展開されているというイメージはありませんでした。ところが配信作品などが増えてから、そういう描写を含むドラマが増えているような気がします。個人的に一番驚いたのは、Netflixが配信した『イカゲーム』に、ワンシーンのみであれ性描写があったこと。それを見てふと、韓国でもこれからは性描写が増えていくのかなと感じた記憶があります。

その韓国も、地上波のドラマにはさまざまな制限がある一方、映画は比較的制限が緩いことから性描写が多くなっているという点は、日本と同じです。ただ、私の個人的な感触では、韓国のドラマには日本より圧倒的に性描写が少ない。何人かの韓国人に、「なぜ韓国の作品には、ヌードや性的なシーンが少ないんだと思う?」と聞いたことがあります。以下のような答えが返ってきました。

「韓国では役者のイメージが大切なので、ヌードになったというイメージがつくとマイナスになる」

「まだ性に対して保守的」（韓国では、性教育の本を禁書に指定しようとする動きもあったようです）

「撮影するときに、役者たちが安全だと感じにくい」

「最近では、そういうシーンだけ切り取られてネットで拡散されることもあるので、役者もリスクを感じるのではないか」

「そのようなシーンの必要性を感じない」

さまざまな背景や理由があると思いますが、今後の流れにも注視していきたいと思っています。

私はＩＣになってから、自主制作映画も含めて数々の作品に関与してきましたが、日本の映像業界における「濡れ場」の多さには驚かされます。自主制作映画ですら、あるいは自主制作映画ならなおのこと、濡れ場を挿入したいという強い意向を監督が持っていたりします。

自主制作映画や学生が課題として作る映画などの場合、台本を読んだうえで、「この場面はなぜ必要なんですか？」「これだけのシーンを、役者さんたち全員の安全を確保した上ですべて撮り切れる自信がありますか？」と聞くこともあります。

作品の内容に照らしたうえでの必然性もなく、ただなんらかの過激な描写で注目を引きたいというのが目的とわかれば、話し合います。まっとうな意図があってこそ、役者も演じるのです。「サービスカットがほしいから」という制作側のエゴで、出演したいと思っている役者の気持ちを消費してはいけないと思います。

いろいろな意見はあると思いますが、私個人は、「性描写は作品には必要ない」という考えではありません。そこに正当な演出意図があり、必要なのであれば、そういう描写もあってよいと思っています。また、それを抑制しようとする立場でもありません。

それでも、「なんで、ここでセックスするの？」と言いたくなるケースがあるのは事実です。そういう時はあくまでも質問ベースで、「この場面で性描写を入れる理由はなんですか」と聞くようにしています。私が意図を理解できていないだけで、理由を聞いて納得する場合もあります。

そもそも私は、特定の描写の当否をジャッジする立場にはありません。ただ、自分がその作品に関わってよいのかどうかを判断しなければいけない局面もあるのは事実です。

学生からＩＣの依頼を受けたことがあります。監督とも俳優とも打ち合わせを終えて、あとは撮影本番を待つだけというタイミングに至って、脚本に大きな改変がなされました。より過激なものになっていたのです。ところが、脚本が変わったことに関する連絡はありませんでした。

みんな忙しいのは承知しています。だから、できる限り柔軟に対応したいとは思っていました。しかし、なし崩し的に物事を進めていくのは危険です。撮影スケジュールについても、事前に決まっていた日程から変更になり、私が立ち会えない日に決行するとの連絡を受けました。結論として、私はその映画に関わらないことに決めました。

学生だから仕方がない……。そんなふうに流してよいのかどうか。私はＩＣという一スタッフなので、監督の倫理観にまで口を出すことはできません。とはいえ、「役者の気持ちを安易に消費するな」という気持ちがあるのは確かです。

また、注意が必要なのは、ある役者さんが、過去に出演した複数の作品でヌードになっていたり、性描写のあるシーンを演じたりしているからといって、「今回も大丈夫だろう」と決めつけ、それを本人に押しつけたりしていないかどうかということです。過去は過去として、「今回のこの作品ではどうか？」とその都度、誠意を持って確認する姿勢が重要です。

そうした決めつけも、無意識の思い込みによるもので、後述しますが「アンコンシャスバイアス」と呼ばれるものです。自身の持っているバイアスに対して、意識的でありたいと思っています。

劣悪な現場とそうでない現場の違い

先ほども触れましたが、お隣の韓国がどんな状況なのかについて、もう少し見ていきましょう。

二〇二三年九月時点では、韓国にはまだICは存在していませんが、今後どうなっていくのかは気になるところです。

同年五月、韓国映画性平等センター「ドゥンドゥン」で講義をする機会をもらいました。ICの仕事について話したのですが、オンラインで約一〇〇人が集まってくれたようです。その後も細々とながら、韓国の映画人とのやりとりは続いています。同年九月には、韓国の作品にICとして携わらせてもらいました。韓国で初めてICを導入した作品になります。

また、韓国映画界で助監督として活躍している日本人の方と何度かお会いする機会がありました。その方は、性描写を含む有名な作品に関わっています。その撮影時の話を聞くと、「細心の注意を払っておこなわれていた」とのことでした。

インティマシー・シーンは女性同士の疑似性行為のシーンだったので、周囲を囲って、最小限のスタッフだけで撮影がおこなわれ、男性である助監督自身もそこには入れずにいたそうです。時間がかかっても、「最少人数で、特に男性スタッフはできるだけ少なくする」という方針を貫きながらの撮影だったようです。

ICはいなくても、事実上、いるかのような態勢で物事が進められていたということです。そして、韓国は、性暴力の加害者であった監督を除名処分にするなど、性暴力の防止には積極的に取り組んでいます。

日本では、性暴力でいったんはなりを潜めた監督も、嵐が過ぎたタイミングを見計らって活動を再開したりしています。そして、その事実をメディアも積極的に伝えようとしません。また、「作品それ自体に罪はないし、監督が何をしたとしても、作品とは分けて考えるべきだ」と言う人もいます。

疑問に思うのは、私たちはいつまで性暴力を許し続けるのかということです。本人や社会が忘れても、被害にあった人は忘れることはできません。

韓国と比較するようなかたちになりましたが、ＩＣが導入されていない日本の映像制作現場でも、ていねいに物事を進めている人たちはいます。監督が絵コンテを作成し、事前にカット割りやアングルなどをスタッフや役者さんに説明したりして、同意を得ながら撮影を進めているような現場が数多くあります。

ここでまちがえてほしくないのは、ＩＣが導入される以前のすべての現場が劣悪だったということではない、ということです。それは、どの国でも変わらないのではないかと思います。そして、劣悪なケースというのはどの国でも発生しています。

たとえばフランスでも、アブデラティフ・ケシシュ監督の映画『アデル、ブルーは熱い色』（二〇一三年公開）の撮影中にひどいハラスメントがあったという話を記事で読んでいました。

この映画は、女性同士の恋愛を描いたものなのですが、性交のシーンをめぐってさまざまな行き過ぎた強要があり、主演俳優二人が「ケシシュ監督とは二度と仕事をしたくない」と表明したのです。

「ＥＬＬＥ」誌ウェブ版の二〇二二年五月一一日付の記事には、以下のような記述があります。インタビューに答えているのは、この映画の主演俳優の一人、レア・セドゥです。

今回のインタビューで記者に『アデル～』の撮影現場にインティマシー・コーディネーターがいたらどのような助けになったかと聞かれるとレアは一笑に付し「いいえ、あまり助けにはならない」。そのあと、少し考え込むと再び笑い声を上げ、「インティマシー・コーディネーターでは歯が立たない。セックスシーンだけでなく映画全体がそうだった。あの映画の撮影方法は常軌を逸していた」。

日本でのみ起こっている事態なら、日本の映画界などが体質を改めればよい話です。ところが、似たような問題は世界のどこでも起きている。加えて気になるのは、日本では一時期、「性加害は映画業界の問題」という切り口で取り上げているメディアが目立ったことです。本当に映画界だけの問題なのでしょうか。テレビ界はどうなのでしょう。

以前、ハラスメントに関してテレビ関係者と話していた時、「もう自分のまわりではそんなことは起こっていない。それは昔の話」というようなことを相手は言っていました。ところがまさにその同じ時期に、私の友人はハラスメントによってテレビの仕事を辞めています。状況が見えていないだけで、問題が起きている可能性はあるのです。なのに、見えていないから「起こっていない」と言い切れてしまう。そこに恐ろしさを感じました。

ちなみに、私はある番組の「やらせ」に関わったことがあります。結論から言うと、その番組は一度打ち切りになり、いまは復活しています。復活することも知らされなかったし、してからも連絡はなし。もちろん仕事のオファーもありません。

代わりなんていくらでもいるコーディネーターの中で、私は切られただけ。代えがきく駒と言ってもよいでしょう。ただし、駒だと思われている私たちであっても、声を上げるのは自由なのです。問題は、声をあげたくてもどこにあげればよいのかわからないことだと思います。

インティマシー・コーディネーターの報酬

今後、私はICを続けていけるのだろうか。後進を育成してICを増やしていくことができるのだろうか——。時にそんなことを考え、悩ましい思いに駆られています。仕事としての意義もあり、これから普及していくはずの職業なのに、なぜ悩むのか。その思いには、日本におけるＩＣの報酬体系が関係しています。

海外作品の場合、事前に明確な金額が提示されるので、「今回のギャラはいくらなのか」と毎回ヤキモキする必要はありません。他方、日本の場合、まずはこちらからギャラの希望額を提示します。この時点で、相手の予算を聞き、そこに自分のギャラをどう落とし込んでいくのかを考えなければなりません。

よく驚かれることですが、この業界では、自分のギャラを知らないまま仕事がはじまってしまうケースも多いのです。私はロケ・コーディネーターの経験上、必ず費用概算を事前に出します。たとえばロケの費用が折り合わない場合は、予算内にするにはどうしたらよいかを話し合います。現地での滞在日数や人数を減らしたり、ホテルを二人で一部屋にするなどして調整を図るのです。

そこまで気をつかっても、ロケ後に「ほかの部分で予算オーバーしちゃったんだよね、少し値引き可能ですか？」などとお願いされるケースも以前はありました。のみならず、真っ先に「コーディネーターの人件費に関して、相談可能ですか？」と聞いてくる人たちがたまにいます。

経費のどこを削れるのかを一緒に考える以前に、私の人件費の値引き交渉をしてくるのです。そういう時には、「この人は私たちを下請け業者だと思っているから値引きしてくるのだな」と感じます。フリーランスに労働基準法が適用されないのは事実だとしても、下請け業者が身を守る手立てとして、下請代金支払遅延等防止法（下請法）や独占禁止法などが存在することは知っていてほしいところです。

それは、発注側だけに求められる問題ではありません。受注側も、特にフリーランスで仕事をしていく立場であるなら、自分たちにどういう権利があるのかを意識的に知っておくべきだと思います。

私は、予算の少ない仕事を受けることがあっても、最初から値切りの姿勢を鮮明に示しているような相手からの仕事は断るようにしています。

以前、知り合いのフリーのディレクターが、「今回のギャラはいくらだろう」と言っていたので、「聞いてみればいいじゃないですか」と返したことがあります。すると彼は、「いや、俺は絶対に聞かない。聞かないことが相手への信頼を示すことだから」と言うのです。

それを聞いて、本当に驚きました。「お金の話をしないことがよいことだ」なんて、値切る側に都合のよすぎる考え方です。これこそ搾取の構造だと思うのですが、お金の話はしにくいという人は少なくありません。そして二〇二三年になっても、わざわざ聞かないとギャラの額を教えてもらえないようなケースは、普通に存在します。

そもそもの問題として、私は外国資本の企業や大手企業以外とは、契約書などを交わしたことがありません。ほとんどが口約束です。ロケ・コーディネートの仕事で経費を立替える際も、相手が支払ってくれる「だろう」という見立てを前提にしています。

本来、支払われるべきお金についてはっきりさせるのは、当然のことでしょう。なのに、日本ではなぜか、報酬について事前に確認しないことが慣習のようになっている。その点については、かねがねとても不思議に思っています。

先にこちらから金額を示しておけば、あとになって値切られそうになった場合などに、闘うことができます。そのプロセスを経ておかないと、見込みと違った場合にお互いにすっきりしないものが残ってしまいます。だから、そういう部分については最初にクリアにしておきたいのです。

ここまで書いてみて思いましたが、そもそも「闘う必要」などが発生しないようにするためにも、ギャラは事前にクリアにしておくべきです。

事後に値切ること自体が反則なのに、ノーと言いづらいのは、「仕事をもらっている立場だから」という恩義のようなものに基づく姿勢なのではないかと思います。そして、値引きをしてくる相手が交渉の時に決まって口にするのは、「またお願いしたいので」のひとこと。経験上、こういう口ぶりの人が再び仕事をお願いしてくる確率は低いと言えます。またお願いしたいと本気で思っている人たちは、そう思っているからこそ、予算の大小についても事前にきちんと伝えてくれます。

誰と一緒に働くかを、こちらも正しく判断する必要があると思っています。

今後、ＩＣになりたいという人には、自分自身の雇用をどのようにして守っていくのかという点を意識してもらいたいと思います。しつこいようですが、繰り返します。本来は、ギャラについて闘う必要もないし、ことさらに自身を守ろうとするような状況もあってはならないのです。

具体的に請求する金額としては、アクション・コーディネーター（格闘シーンや殺陣などのスタイルを考案する専門職）の報酬の相場を参考にする場合が多くなっています。基本的には、日当に日数をかけたものがギャラの請求額となります。それに準備日（監督や役者との打ち合わせなど）の分を加えます。

請求の総額に関しては、まずは台本のト書き部分を読み込み、自分が関わるべきシーンが何シーンくらいあるかを洗い出して見当をつけます。同時に、何日くらい拘束されるかという観点から、自分が請け負う作業負荷のボリュームを明確にすることで決定します。

ただし、実際には現場によってケース・バイ・ケースになるので、交渉次第ということろもありますし、作品の予算規模それ自体がちいさい時には、予算に合わせる場合もあります。

だから、必ず事前に予算を確認したうえで、仕事を受けるかどうかを考えます。私が相場を落としたら、今後、私だけではなく、ＩＣ業界全体にとっての不利益になります。他方、相手の予算に合わせないと、日本でこの仕事を広げていくのはむずかしいという面もある。このふたつのせめぎ合いで、ギャラを決めています。

正直、ＩＣとしての収入は、どうしても不安定になりがちです。問題の核心は、私たちの仕事が、あくまでインティマシー・シーンというスポットに関わるものであり、報酬体系としても日当にならざるをえないという点にあります。

制作に携わるほかのスタッフがどういう報酬体系になっているのか、具体的にはわかりません。おそらく、「作品一本につきいくら」という取り決めになっており、それに応じて、たとえば一カ月半、丸々拘束されたりしているのだと思います。

一方、私たちが関与すべきシーンの撮影は、作品次第で大きく変わります。少ない時には一日か二日程度となります。先日参加したある番組は、たまたまインティマシー・シーンが多かったため、二一日間稼働しました。とはいえ、これほど稼働日数が多いのはまれだと思います。

日本の場合は、「一作品につき、いくら」という、グロスでお願いされることも少なくありません。実際に何日現場に行こうが、準備にどれだけ手間がかかろうが、受け取れる報酬は固定された額になっているということです。

その報酬に関して自身が納得できればよいのですが、課題が多いと言わざるをえません。業界全体で予算が上がっていかない限り、私たちのギャラもこれ以上高くはならないでしょう。「こんな低予算でもできた」という前例が積み上がってしまっている中で、今後、予算が引き上げられる見込みがあるかどうかは疑問です。

日当が基本の商売なのに、スケジュールはきっちり押さえられてしまう。スケジュールがずれたり不要になったりすると、一方的に依頼をキャンセルされる。日本の場合、営業補償という感覚が薄いので、キャンセル料を請求するのにも交渉が必要になり、自分で金額交渉する力が問われることになります。

お金はクリアに

この業界でスポットの仕事をする場合、一番むずかしいのがスケジュール管理です。自分が主体であれば管理は簡単なのですが、多くの作品は、具体的なスケジュールが直前まで確定しません。それが最大のネックになっています。ある作品への参加のオファーを受けたとしても、その時点ではスケジュールが固まっていない。「ここからここのあいだのいつか」ということしかわからないケースが多いのです。

私が稼働する日はそのうちの三日間ほどであったとしても、それがどの日になるかがわからない以上、予告された期間中はほかの仕事を受けづらいという状況になってしまうわけです。

たとえばある月には、ほとんどの日に予定が入っていなかったにもかかわらず、同日に二件の依頼（実際に私が撮影に立ち会う日）がぶつかってしまいました。そうなると一方は断念せざるをえなくなります。

こうして依頼がかち合ってしまう場合、どうするか。ロケ・コーディネーターの時は、先に依頼があった案件を優先すると決めていました。ＩＣになってからも、当初はそれと同じ要領で仕事を受けていたのですが、実際にやってみて、これは大失敗だということがわかりました。

ロケの場合は、現地の撮影許可なども関わるので、日程が大きくズレることはあまりありません。また、お客さんの側が私の都合に合わせてくれるなど、柔軟なスケジュール管理ができていました。

他方、ドラマや映画の場合、スケジュール自体が撮影直前まで決まらないうえに、変更も多い。多くの人が関わっているし、役者のスケジュールを優先しているので、そうして決められた日程にこちらが合わせるよりほかに手がないのです。したがって、先にお話があったものを優先したい気持ちがあったとしても、先に日程が確定したものを優先せざるをえなくなるわけです。

いまは、「日程が決まったものから入れさせていただきます」と必ず事前に伝えるようにしています。すると、どういう反応があるか。予備日として撮影日数より多めのスケジュールを押さえられてしまうということが起きます。暇な時期ならそれでも問題はありませんが、仕事が詰まっている時に予備日を押さえられてしまうと、別の仕事を減らす必要が生じます。

予備日を押さえられても、実際の撮影日数は一日だけだったりします。ギャラも一日分だけになる可能性があります。「一日稼働させるために七日間拘束して、七日間分の報酬を支払う」という文化が、日本の映像制作の世界にはありません。私は、「確実に予備日を空ける必要があるのなら、事前に押さえた日数すべてについてギャラが発生します」と事前に伝えます。

いずれにしても、もっともたいせつなのは、「事前に伝える」ことです。事前に伝え忘れた場合は自らのミスなので、請求はできないと考えます。

とにかく、フリーランスで長くやっていく秘訣は、金銭に関してクリアにすることだと思っています。クリアにするかしないかで、相手に信頼されるか不信感を持たれるかが大きく変わってくるからです。

依頼主に振り回されていると感じると、ストレスになります。「いつもはこんなに暇なのに、なんでたまたま別の案件が入っているこの日に仕事が来るのよ」というのも、「フリーランスあるある」だと思います。

できれば、本当はすべての仕事を受けたいのです。だからこそ、早めにスケジュールが示されれば、空いている日を提示することができるのに……。そんなふうに、いつも悶々としてしまいます。気持ち的にも金銭的にも、受けられる仕事は目一杯受けたいというのが本心です。

休息の必要性

休息に関しては自分なりにルールを設けており、忙しくなった場合、一カ月の中で何日かは必ず休むことにしています。

私はいくつもの仕事を並行しておこなうことが比較的得意で、またそれをこなす体力もあるため、仕事を詰めてしまいがちです。とはいえ、仕事のクオリティを保つうえでは休息もたいせつなのだと、二〇二二年くらいに気づきました。それ以前は、起きている時間は仕事をやって、その合間に趣味や遊びをするなど、オンとオフの区別が曖昧だったのです。それでも仕事の依頼があると、つい癖で受けてしまいます。これではきりがないので、月一回は旅に出ることにしました。旅の期間は必ず休みが確保されるからです。二〇二二年からは、毎月行ったことのない場所に行こうと決めて、実行していました。二〇二三年になってからは、海外にも足を伸ばすようにしています。

旅に行くと、日常を忘れることができますし、自分の時間も確保できます。計画的である必要もなく、時間を無駄にしてもよい。こうした旅をしていると、いま自分が「普通」とか「当たり前」だと思っていることが、世界の常識とは違うことに気づかされます。

旅行に行くならお金もかかるので、働かなきゃ……。そう思えることも利点のひとつです。単純ではありますが、目的ができることで、仕事に対してフラットな気持ちになれます。フリーランスでいるからこそ、スケジュールも比較的自由に組めるわけです。ただ、フリーランスとして、今後どのように収入を安定させていくのかは、よく考えなくてはなりません。

仕事があるのは、ありがたい。逆に、しばらくのあいだ依頼が途絶えていると不安にはなります。でも、つねに仕事があることを過度にありがたがったりはしないように気をつけています。「お仕事をいただけてありがたい」という言葉をよく聞きますが、仕事を受ける側は労力を提供しているのであって、それによって依頼する側も助かっているのです。あくまでも対等な状態で、「声をかけてくれてありがとうございます」と言えるような姿勢でいたいと思っています。

ＩＣになりたいという人によく訊かれるのは、この仕事だけで生計が成り立つかということです。その質問には、「私の場合、現状、それだけでは生計が成り立ちません」と答えています。ＩＣとしては、毎日仕事があるわけでもない。空いている日にＩＣ以外の仕事も入れるようにしないと、生計が成り立つレベルの収入にはならないのではないかと思います。

この仕事を目指すという人に、「逃げ場」を持つことを勧めているのは、そういう意味においてでもあります。私にとってのロケ・コーディネーターのように、もうひとつかふたつ、もしくはそれ以上の仕事を確保しておかないと、ある程度の余裕のある暮らしを送るのはむずかしいような気がします。

もちろん、これはあくまで、「現状では」という意味です。将来的に、ＩＣを取り巻く国内の環境が成熟していけば、収入をめぐる条件が変わっていく可能性もあります。いや、変わっていかなければいけないと思います。

5　インティマシー・コーディネーターをめぐるその他の問題点

まずはガイドラインから

今後、いかにして自らの雇用を確保し、収入を安定させていくかというのは、私自身の課題でもあります。これはフリーランスの身であれば誰しも考えることかもしれません。

アメリカの現場では、リハーサルに関しても、それが一時間であろうが八時間であろうが、一日分のギャラが保証されます（SAG‐AFTRA＝米俳優組合の作品の場合）。一方、日本の場合は、リハーサルだからという理由で、「稼働時間の分だけ」もしくは「値引きしてほしい」と言われる可能性があります。

ロケ・コーディネーターとしても、「移動日は移動するだけなのだから値引きして」と言われたことがありますが、それと似ています。これはとんでもない話で、受け入れる必要もないので、私は事前に「移動日も日当は発生します」と条件を明記したうえで、相手に送るようにしていました。

撮影前の準備作業に関しては、稼働した時間で報酬が計算されるのが一般的なパターンです。もしくは先ほども述べたように、準備作業も含めてトータルでいくらでと提案されることもあります。

ただし、準備作業は曲者《くせもの》です。たとえば、準備にかかった時間のトータルは、八時間という一日の想定作業時間内に収まっているかもしれません。しかし、インティマシー・シーンを演じる役者さんの数が多い場合は、拘束時間の長さだけでは測れない負荷がＩＣにかかったりします。

作品の中ではわずか一シーンの出演であっても、ヒアリングしなければならない役者さんが、時には複数人に及ぶ場合もあります。ＩＣは、それぞれから個別に聞き出した内容をまとめ、制作サイドにフィードバックしなければなりません。役者さんたちは概してスケジュールが詰まっており、変更なども頻繁に起こります。その中で役者さんたちに合わせて立ち回っていると、自分のスケジュールが立てにくくなるのです。

以上で述べてきたように、準備にかかる時間と報酬についてはしっかり見直して、適正なものになるように調整を図っていく必要があります。私自身のためだけでなく、未来のＩＣのためにも。

たとえば、私が個人的に安すぎる報酬で仕事を請け負うなど前例を作ることで、ＩＣ全体の報酬の水準が下げられてしまう可能性もあります。そういう意味でも、妥当なレートで報酬を受け取る姿勢が求められます。そして、適正なレートを支払ってくださる方がいるということも忘れてはいけません。

海外の現場に行くと、一〇時間労働で一日となっていることが多いようです（現場によっては一日＝八時間労働）。それを超えると、超過勤務手当が発生します。そのへんを予算的にどうやりくりするかは、プロデューサーの判断となります。

日本の現場の場合、最近でこそ一日＝一二時間労働という取り決めが増えてきたと聞いています。しかし、それを超える長丁場の現場もまだまだ多く存在しています。この業界に入った初期の頃は、二七時（午前三時）撤収といったスケジュールを見て震えたものです。「一日は二四時間だと思って生きてきたけど、違ったんだ」と……。

日本には、ICが所属する組合のようなものもありませんし、ガイドラインもありません。この仕事をはじめる際、参考にしようと思って、「R18＋」とか「R15＋」といった、映倫によるレイティング（映画などの年齢制限）の基準を調べてみました。でも、ごく短い記述があるだけで、参考にはなりませんでした。

「濡れ場」と呼ばれるシーンを多く撮っている監督たちから話を聞いても、「人によって解釈がまちまちなので、ギリギリのところを狙っている」といった感覚的な声が目立ちました。もしかしたら、映像業界の内部に内規としてのガイドラインのようなものは存在しているのかもしれません。しかし、それに外からアクセスできないのであれば、今後ＩＣとなった人の中には困る人も出てくるような気がします。

前述のとおり、アメリカの場合は基準が明確になっていて、ガイドラインはネット上で誰もが見られます。プロデューサー向けの指南であれ、オーディションをする場合の留意点であれ、オープンになっています。

個人的に思っているのは、オープンにされているなんらかのガイドラインが日本にも必要だということです。ＩＣを起用しない現場の人々や、学生などが読んでも基準がわかるようにしておくべきです。そういうものを私自身でいつか作りたいと思いつつ、日々の業務に追われて着手できていないのが実状です。

もっとも、ＩＣという仕組み自体が日本に根づかないかというと、そんなことはないと思います。資格を取得した二〇二〇年の八月から現在（二〇二三年一〇月）に至るまで、すでに四〇作品以上に携わってきましたし、今後の仕事に向けた問い合わせなども多数もらっています。正直、こんなに早く日本でＩＣの活動領域が広がると思っていませんでした。「資格は取得したものの、仕事になるのかなぁ」と思っていた頃が嘘のようです。

なぜここまで急速にＩＣとしての仕事が増えたのでしょうか。私なりに考えてみたところ、需要があったことのほかに、日本特有の同調圧力が関係しているような気がしています。ようは、ICを導入する事例が増えていくにつれて、「どの現場も導入しているようだから、うちも導入しないとまずいのでは」という意識が働くようになったのではないかということです。もし、ほかの理由があるのなら、知りたいところです。

今後、需要が高まるにつれ、ICの人数も増えていくでしょう。そうなれば、業界のスタンダードやクオリティをいかに担保するかという点に注意する必要が生じてくるはずです。

草分けであることには執着しない

二〇二三年の五月に、私が所属するICの協会（IPA）が主催するリトリートトリップがフランスでおこなわれたので、参加しました。リトリートとは、非日常的な空間などで自分と向き合ったり、新たな体験をしたりすることを指すようです。

約一一カ国から集まったICたちと数日間一緒に宿泊し、ワークショップをやったり、交流したり、ひたすらのんびりしたり。最高のリトリートでした。「日本にはまだ二人しかいない」とつねづね言われている環境から、突然、まわりにいる人が全員ICという環境に移される。そのことが嬉しかったのです。また、国が違えば環境も違うものの、共感できる話もたくさんあり、数日をとても有意義に過ごしました。

一番大きかったのは、この職業特有の悩みなどを相談したりシェアしたりできる仲間ができたことです。ＩＣは、基本的に一人で現場に行き、一人で帰る立場です。同業者が同じ現場にいることのない職業なので、こうして共通の仕事について語れる人たちに巡り会えて、心強く思いました。帰国してからも、フランスやイスラエルのＩＣたちと頻繁に連絡を取り合い、情報交換をしています。

前置きが長くなりました。このリトリートの最中に、ＩＣ業界のクオリティをどう保っていくのかというテーマがしばしば話題に上がったのです。

前提として、ＩＣにはふたつのカテゴリーが存在します。ひとつは、どこかの団体でトレーニングを受けたうえで資格を取得したＩＣ。もうひとつは、トレーニングは受けず、過去の経験を活かしたり、単発のワークショップなどを受けたりして活動しているＩＣです。私たちのようにトレーニングを受けているＩＣから見ると、後者は無資格のＩＣにカテゴライズされます。

ＩＣについては、いまのところ民間のライセンスしか存在しません。国家資格などではないので、二～三日のワークショップを受けるだけで、「インティマシー・コーディネーター」を自称することはできてしまうのです。

適切な知識や対応が必要になる職業だけに、ＩＣになる人は本来ならばトレーニングを受けているべきだと思います。私自身、トレーニングで多くのことを学び、その過程で、自分の考え方に潜む加害性に気づいたりもしました。ただ、無資格だからといってその全員に知識がないとは言い切れないとも思います。

各国には一定数の無資格のＩＣがいて、その人たちが業界のクオリティを下げているという見解も耳にしました。彼らが、知識もないままに物事を進めてしまったり、監査をする役割ではないにもかかわらず必要以上に基準を厳しくしたりしてしまっているというのです。

ＳＡＧ－ＡＦＴＲＡ（米俳優組合）のホームページでは、二〇二二年に、彼らが掲げる基準を満たすＩＣの育成トレーニングを提供している団体が発表されました。それらの団体で知識を得た経験豊富で資格のあるＩＣであれば、撮影現場で監督の創造的なビジョンを実現しつつ、役者が個人的・職業的尊厳を保ったまま、ヌードや擬似性行為のあるシーンを演じられる環境を準備することができるとされています。

今後の日本でも、ＩＣを名乗る人が増えていくことを想定した場合、ある程度のガイドラインを示していかないと、誰でもなれてしまうという事態を招きかねません。知識や経験がないままＩＣをはじめてしまうと、現場を混乱させたり人を傷つけてしまったりするようなことが起こりえると私は考えます。

いまのところ、日本でＩＣを目指す場合、海外の団体でトレーニングを受けて資格を取得するのが唯一の方法でしたが、今後は国内でもトレーニングを受けられる環境が整っていくでしょう。

ただし、ＩＣ全員のクオリティを一律に保つべく、誰かが管理していくというのはむずかしいと思います。守るべき基本が守られることはもちろん必要です。とはいえ、その状況の中でＩＣ業界も多様な人材を取りそろえ、作品ごとのタイプや特質に適合するような人が選ばれていくようになることが理想だと思っています。そうであってこそ、ＩＣという仕事全体の健全さが担保されるのではないでしょうか。

個々のＩＣがトレーニングを受けており、知識を持っていることは大前提として必要です。一方で、その条件を満たしつつ、各人が職業倫理を忘れなければ、ＩＣとして自立できるのではないか、とも思います。

偶然にも私は、日本に二人しかいないＩＣのうちの一人になりました。ですが、自分がこの分野における草分けだということに執着しないよう、気をつけています。そこにこだわっていると、自分に権威や権力があると勘違いするなど、モンスターと化してしまう可能性もあるからです。

撮影現場におけるパワーバランスをできるだけフラットにするのが私たちの仕事のひとつです。なのに、自分がパワーを振りかざすようになることは本末転倒であり、それは避けなくてはいけません。

いずれにしても、誰に仕事を任せるかを最後に決めるのは、映像業界のお客さんです。一定以上の質の仕事をするＩＣでなければ、結局は淘汰されていくことになるでしょう。

映像業界の構造的な問題

さて、日本でＩＣという職業を続ける中で、この映像業界における問題点なども見えてきました。

問題の焦点は、この業界の構造そのものにあるような気がします。映像業界は、圧倒的に男性社会だと感じます。女性も数多くいますが、物事を決めたり判断したりする立場にいる人の多くは男性です。さらに、労働環境の悪さも問題です。少しずつ変わってきてはいるものの、いまでもよい環境だとはいえないと思います。報酬が低いにもかかわらず、長時間の労働が当たり前になっています。

また、以前よりは減ったとはいえ、職場にハラスメントがあるとしたら、誰がそこで働きたいと思うでしょうか。夢を持って入った世界でパワハラに遭い、体調を崩して業界を去った若手を知っています。ハラスメントをした側の人について、「あの人、おもしろいものを作るんだよね」とまわりが許し続けているという問題もあります。

ギャラの未払いや、事後の値引き交渉も日常茶飯事です。最近聞いた一番ひどいケースは、値引き交渉もないまま、無断で値引きした金額が振り込まれていたというものです。大昔の話をしているのではありません。これらは、ここ数年に起こった話です。

私自身、数万円のギャラを振り込んでもらうのに、約六カ月かかったという経験が二〇二二年にありました。理由は、お金を管理していた人と連絡がつかなくなってしまったからです。大元の制作会社のプロデューサーに直談判し、「今月末には支払います」との言質を得たのですが、実際には支払われず、同じやりとりを毎月何度も繰り返しました。最後に「しかるべき場所に相談します」と伝えたところ、ようやく支払われました。

取引先に対して、繰り返しお金の話で連絡していると、確実に心がすり減ります。私が悪いわけではない。なのに、不当にしつこくしている自分に非があるのではないかと錯覚する瞬間もありました。

あまりにも費用対効果が悪いので、少額だからあきらめようかとも思いました。しかし、ここで私があきらめたら、きっとこの人たちは今後も同じことをやるだろう。そうなると、若手などは言いづらくて、泣き寝入りするしかなくなるかもしれない。そんな思いから、あきらめずに回収しました。

ＩＣを導入することで、インティマシー・シーンに関してはクリーンになったとしましょう。ただし、ほかのスタッフの労働環境などが従来どおり変わらないのだとしたら、それでもその作品はクリーンだと言えるのだろうか――。そんな疑問は、つねづね感じています。

ＩＣはインティマシー・シーンのみに立ち会う一人の専門スタッフに過ぎません。しかし、自分の職分には直接関係がないことであっても、気になることは気になります。現場で気づいたおかしな点などについては、しかるべき相手に伝えたり相談したりするのが筋だと思っています。

ところが、改善を求める点などを現場の責任者などに相談しても、たいていの場合は改善されないのが実情です。それが続くと、誰もが声を上げるのをためらったりあきらめたりするようになってしまう。私が問題点を指摘しても、「すみません」と謝るだけで終わってしまうことも多々あります。ある時など、「土下座したら許してくれますか？」と言われて驚いたこともあります。

土下座などする必要はない。ただただ改善してほしいのです。問題を指摘されても聞き流すだけで、その場をやりすごしたいという魂胆が垣間見られます。倫理観が欠如しているのではないかと感じることもありました。

おそらく、現場には人手も予算も足りず、時間を工面することもむずかしいので、問題点を改善することも棚上げにせざるをえないのでしょう。でもそうなると、声を上げた側は泣き寝入りをするほかなくなってしまいます。この環境に耐えられないなら、辞めるという選択肢しかないのです。何よりも私が問題だと感じているのは、どこに声を上げたらよいのかがわからないということです。

そういう風潮が、撮影現場ではいまも存続している中で、インティマシー・シーンの撮影をめぐる条件だけ改善されたとしても、業界全体の抱える問題点はいくらもなくならないのではないでしょうか。

以前、スケジュールをめぐるやり取りで、私のミスだと一方的に判断されたことがありました。その時の相手は、ものすごい威圧感で私に詰め寄ってきました。日ごろは腰が低い人でも、そういう局面になると本来の姿が見えてくるのです。

ただ、その人がそういう態度を取るのは、私が女性だからという可能性もあります。私が男性だったとしても同じ対応をするのかどうかについては、疑問に思います。

いずれにせよ、そういう局面になると、私は闘志しか湧いてきません。自分に非がないことを証明するため、メールの履歴などを突きつけて反論しました。すると相手は自分のミスだったと気づき、今度は「すみませんでした」と打って変わって低姿勢になりました。

こうしたやりとりには、心臓が強い私ですらドキドキしました。相手に言い返せないタイプの人なら、威圧された時点で萎縮してしまうでしょう。

そういう事態になることも想定して、あとになって「言った、言わない」で揉めることがないよう、スケジュールとお金の話は文字で残すようにしています。電話で済ましたがる人も多いのですが、「多忙だから文字では送れない」というのは相手の問題であり、私の問題ではありません。そのように線を引くようにしています。だって、実際にショートメッセージひとつ送るには、数秒程度しかかからないのですから。

現場を支配するそうした構造そのものを変革しないかぎり、日本の映像業界の体質は変わっていかないのかもしれません。

その映像業界で働く中で、さまざまな問題に突き当たってきた私は、ある時期まで、「この業界で偉くなってやろう」と思っていました。「私自身が偉くならないかぎり、この人たちは意見を聞いてくれないのだ」と思ったからです。といっても、偉くなる方法など知りませんし、何をもって「偉い」とみなすのかもわかりません。

いまは、そう考えることもなくなりました。私が偉くならなくても、現場の声が届く、誰もが働きやすくなる、さらに生活していけるだけの報酬も十分に出る——そんな未来が描けるように、いま自分ができることをやっていきたいと思っています。

ここまで、業界の旧態依然たる構造について述べてきましたが、時には希望が見える瞬間もあります。

地上波のドラマのエンドロールに「インティマシー・コーディネーター」としてはじめて私の名前が挙げられたのが、日本では大阪の朝日放送テレビ（ABCテレビ）だったという点については、興味をそそられます。

「なぜICを起用しようと思ったのか」と同局のプロデューサーに聞いたことがあります。

「西山さんが出演したラジオを聴いて、興味を持った」とのことでした。その時彼は、サラッとこう付け加えたのです。

「特に大きな理由はなく、該当シーンがあるのであれば、起用するのが今後は当たり前になりますよね」

それ以降、同局の作品に関わることが増えましたが、現場で会うプロデューサーの年齢層は、比較的若いのです。現場の責任者レベルの人材として、若くて感度が高い人が増えていることに、小さな希望を感じました。若い世代の場合、情報を収集する手段としてはSNSなどを使っていることが多いので、最新の動向などに触れる機会が多いのかもしれません。

役者さんについても、若い世代だと、ICとその役割について知っている割合が高くなっているような気がします。ある現場で私が待機していたら、インティマシー・シーンには直接関係ない役者さん同士で、「インティマシー・コーディネーターって仕事知ってる？」と会話しているのが聞こえてきて、驚きました。

男性のインティマシー・コーディネーターはいるのか？

いずれにせよ、今後、ＩＣは日本の映像現場に着々と浸透していくことが予想されます。以前、とある作品で、男性のＩＣをお願いしたいと言われたことがあります。残念ながら、日本にはまだいません。世界を見れば男性のＩＣもいますが、まだ少数です。

今後、業界が多様化するのに従って必要になってくるのは、ジェンダー教育だと思っています。若い世代にとってはデフォルトのトピックかもしれませんが、四〇代以上の世代には、意識して知識を獲得することが必要だと思います。

アメリカのＩＣから聞いた話ですが、アメリカではジェンダー教育が進んでいるため、役者さん自身とは異なるジェンダーのＩＣが現場に入ったとしても、問題は発生しづらいそうです。

相手の性別に関わらず、体に触れる場合には、触れてもよいかどうかの同意をまず得てから実行するわけですが、同意のうえでおこなわれれば、お互いに当惑したり過度に身構えたりすることを避けられます。ただし、この「同意」はその後もずっと適用され続けるものではありません。前に「それでいい」と言ったからといって、今もOKとは限らないからです。

この「相手の同意を得る」ということのたいせつさも、日本ではあまり教えられていないことなのではないでしょうか。

ある国で、友人が出演するバーレスクショーを見に行きました。主催者から最初にアナウンスされたのが、「ダンサーの許可なく、体に触れることを禁止します。そのような行為をした場合、退場してもらいます」というものでした。

ダメなことはダメということをきちんと伝える。お客様は神様ではない。彼らにとっては、当たり前のことを言っているだけなのでしょうが、私にとっては新しい発見でした。

帰国して、ポールダンサーの友人にこのことを伝えたら、「日本でもそうしてほしい。チップを入れるふりをしてプライベートゾーンなどを触ってくるお客もいる」と言っていました。

ポールダンスでは、余計な衣類などがあると滑ってしまいます。肌をポールに密着させると滑りにくい。そんな理由もあり、ダンスの際の衣装は肌の露出が高くなります。ところが、「肌を露出している＝セクシャルなダンスを踊っている＝触ってもよい」と誤解する人もたまにいる。たとえ相手が裸であったとしても、相手の同意なく体に触ってはいけない。そんな当然のことがわからない人もいるのです。

こうした「同意」については、しっかり基礎教育に取り入れていく必要があると感じます。積極的にイエスと相手から言われない限り、同意があったとは言えません。また、ノーと言わなかったことを同意したと捉える解釈は、完全にまちがいです。

話がズレてしまいましたが、ＩＣの仕事をするにあたって、本人のジェンダーがどうであるかは、原則的には問題にならないとは私は思っています。しかし、相手が異性——私の場合は女性以外の役者さんと接する時には、一定の配慮をしなければならないとも思っています。

たとえば、役者が男性の場合、私自身の「女性性」はあまり出さないようにして、淡々とこなしていくことが求められます。あまり恥ずかしがらないようにするのもポイントです。インティマシー・シーンというのは、性的な部位や性的な側面にも踏み込まざるをえないシーンです。そこで私が変に恥ずかしがったりすると、相手にも気まずい思いをさせてしまいます。そうならないようにできるだけ淡々と接し、「何か困ったことがあれば言ってください」と伝えるように心がけています。

逆の組み合わせ——つまり、女性の役者さんに異性のＩＣが接することについては、日本ではまだハードルが高いと感じます。実際に役者さんがどう感じるのかなど、今後リサーチしていきたいとは思いますが、実現する場合には細心の注意が必要となるでしょう。いずれはその部分も変わっていくかもしれません。性別よりも人間性。相手に信頼してもらえるかどうかが大事だと思います。とはいえ、まずは双方に無理のかからない範囲で普及を目指していきたいと思っています。

最後に、言葉の使い方について付け加えておきます。

使う言葉次第では、相手の気分や居心地が悪くなることもあります。私個人の例を挙げると、仕事場で異性から「次、キスシーンだよね」と言われても抵抗はない。しかし、「次、チューのシーンだよね」と言われるとぞっとします。「胸」と言われても大丈夫。でも、「おっぱい」には嫌悪感を抱く。「セックスシーン」は気にならないのに、「エッチ」はなんだか嫌な感じがする。このように、同じ内容の言葉であっても、仕事場で聞くとなんだか気持ち悪いと思うことがあります。これはあくまでも私の境界線です。

誰もがそれぞれ、そうした境界線を持っていると思います。人によってまったく違う。だからこそ、自分が大丈夫だから相手も大丈夫だと思ってはいけないし、何気なく発する言葉や自分がよく使う言葉に対して、意識的である必要があると思います。

ちなみにＩＣのトレーニングでは、できるだけ俗語は使わず、台本にある言葉をそのまま使うことが望ましいと教えられました。

III

広がる問題意識と将来への展望

私たちＩＣは、実際にはどんな仕事をしているのか。どんな心構えを必要とするのか。そしてＩＣが出入りする日本の撮影現場にはどんな特徴があり、どんなことが課題となっているのか。それらについては、これでだいたいわかっていただけたのではないかと思います。

現場でＩＣが関わる領域は極めて限定されており、演出する側も演じる側も納得できるインティマシー・シーンを安全に撮影することさえできれば、その役目は十分にまっとうできていると言っても、それ自体はまちがいではありません。

でも私がこの仕事を請け負う中で実感してきたことのひとつは、ＩＣの仕事の周辺には、当初想像していたよりもはるかに広い裾野が広がっているということです、

事実、ＩＣになるために受けたトレーニングでも、インティマシー・シーンを撮影する際に必要とされる実務的・技術的な方法論以外にも、ジェンダー・スタディーズやハラスメント、メンタル・ケアなど、さまざまな分野にまたがる学習を求められたということは、Ｉで述べたとおりです。

そして実際にＩＣとして仕事を手がける中で、私はますます、周辺に位置するそうした諸分野や、それにまつわる諸問題に対して、意識を高めていかなければならないと感じるようになりました。

Ⅱで述べたとおり、映像業界に巣食う、男性優位主義に裏打ちされた旧弊な構造を克服することへの問題意識も、その一例です。明確なヒエラルキーが存在する業界だと思います。また、その背後にある、日本社会そのものの抱える問題点についても、以前よりずっと敏感になりました。

ここでは、ＩＣとしての仕事を取り巻く「裾野」の部分について、私なりの素描を展開しておきたいと思います。

1　ジェンダー問題との交錯

元はジェンダーに関心がなかった私

繰り返しになりますが、ＩＣの仕事をしていく上では、ジェンダーに関してしっかり学ぶ必要があります。

もっとも、ジェンダーについて私が意識的に考えはじめたのは、恥ずかしながらごく最近のことです。

私が海外で過ごした期間が長かったのは事実ですが、海外だからといって、ジェンダー意識などが特に先鋭的になっているとは限りません。それもあって、私はそういった問題については、特筆すべき意識を持つこともなく過ごしてきたと思います。

たとえばアイルランドは、いまでこそ、ジェンダーギャップ指数世界一一位となっている（二〇二三年現在。ちなみに日本は一二五位）ものの、同性婚合法化、女性の妊娠中絶を容認する憲法改正の実現など、目立った動きがあったのは二〇一〇年代のことです。私が在住していた一九九〇年代の終わりから二〇〇〇年代初めの頃には、アイルランドはカトリックの保守的なお国柄で、妊娠中絶も許されておらず、男女平等が実現していたわけでもありませんでした。

チェコで過ごしていた時期も同様で、ジェンダーについて意識するようなきっかけは、周囲には見当たりませんでした。

そもそもアイルランドのカレッジやチェコの大学で私が学んだのはダンスであり、ダンスの世界は多様性に溢れていました。日本においても、ダンスの種類にもよりますが、ほかの領域に比べると、性的指向などに関して多様な人々が集まっている印象があります。

最近観て驚いたのは、二〇二〇年公開のドキュメンタリー映画『リトル・ガール』（セバスチャン・リフシッツ監督）です。トランスジェンダーの女の子サシャが通っているバレエ教室での話。サシャが女の子用の練習着を着用するのを教師が許さず、男の子用の練習着を着ることを強要しているシーンがありました。

バレエの世界は、多様性に溢れている世界だと私は思っていました。ところが、実際にはかなり保守的で不寛容な傾向が残っているらしい。そのことに自分が気づいていなかったことに驚いたのでした。

自身の持つジェンダーバイアスに対しての認識が鈍かったのです。いまではわかるのですが、それ以前の、特にヨーロッパに滞在していた頃の私は、多様性が溢れる環境の中に置かれていました。それが当たり前のことすぎて、あえてジェンダーについて意識するということがなかったのです。

日本に戻ってからは、生活基盤を築くのに必死でした。業務以外のことを考える余裕もありませんでしたし、ジェンダーに関する知識もありませんでした。だから日本の現状に触れても、「おかしい」と感じることすらなかった。とにかく日本の生活や習慣に慣れることが最優先でした。

日本で社会人をしたことがない。そのことがコンプレックスになっていて、「きちんとしなきゃ」「誰よりもできるようにならなきゃ」と思い続ける日々が続きました。まわりに溶け込めるように、自分をこの国の持つ規範や風習に適合させていった気がします。

ここ数年で、特にICになるためのトレーニングを受けたことが大きなきっかけとなって、フェミニズムなどにも興味を持つようになりました。本や記事を読んだりした中ではじめて、過去に見聞したことについても、「あれはおかしかったのか」「あの時は怒ってもよかったのか」と気づくようになったのです。それと同時に、それまでの自分がしていた言動の加害性に気づき、ゾッとしました。

他者をカテゴライズしてこなかった

気づきというのは、しかるべき知識を獲得することではじめて到達できるものです。ハラスメントに関しても、ICのトレーニングがきっかけで、ハラスメント相談員とカウンセラーの資格を取得しました。

あの時、トレーニングを受けていなければ、相変わらず無自覚のままでいたのかもしれないと思うと怖くなります。関連するいろいろな知識をたまたま得たおかげで、周囲の状況に関心を持つようになったのです。知識も持たずに過ごしていると、何か思わしくない状況を目にしていたとしても気づけないので、「そんなものだろう」と捉えて素通りしていたと思います。

ハラスメントに関しては、ことによると私自身、無自覚なまま、誰かに対してしていたかもしれません。そういう意味では、私自身が最初から、そういう問題提起をしていたわけでもないということは、断っておかねばならないと思います。

私自身の性自認（ジェンダーアイデンティティ）は、シスジェンダー（身体上の性と性自認が一致するケース）です。つまり、私のジェンダープロナウンはShe/herになるということです。

ジェンダープロナウンとは、その人のジェンダーを表す人称代名詞のことです。日本語の場合は、英語などと違って、文章に人称代名詞が必ず入るわけではないため、日本語話者にとってはやや馴染みにくい概念かもしれません。世界のＩＣが集まる際の自己紹介では、自分のジェンダープロナウンも併せて伝えることが多いのです。そうすることで「ミスジェンダリング」を防げるからです。

ミスジェンダリングとは、ある人をたとえば名前や容姿から男性と思い込み、「彼」と呼んでしまうなど、その人自身が自認している性とは異なる性の人として誰かを扱ってしまうことを指します。

こうしたジェンダーをめぐる意識や知識に関しては、いまなお心許ないところがあるので、くわしい友人などに聞いたり自分で調べたりしています。

無意識の差別

そんな私がジェンダー問題に目覚める起爆剤となったものは何だったのでしょうか――。

きっかけそのものは、ＩＣとしてのライセンスを取得するために受けた講習で、ジェンダーについて改めて勉強したことでした。さらに、思いもかけぬ気づきの瞬間があったのは、ある収録番組に携わった時でした。

二〇二〇年からの数年はコロナ禍が吹き荒れ、各国がロックダウンを実施するなどして、海外でのロケがしたくてもできない状況に陥っていました。そんな中でも、リモート・ロケをしたり、番組制作にスタッフの一員として携わったりと、なんだかんだで忙しくしていました。

これは、ＩＣのトレーニングを受けている最中に関わっていた仕事の中での話です。いろいろな国と日本のスタジオを中継で結んで、その国のいまを見せるという特番の制作に、何回かスタッフとして入りました。その日は、日本語が話せる中東の男性と中継でつながっていました。その人は、話がおもしろく、強いキャラクターの持ち主で、スタジオは非常に盛り上がっていました。

その日のスタジオゲストは、ご自身で「自分が男だって、あるときまで思っていなかった」「物心ついた頃には自分が女性だと思っていた」とインタビューなどで答えていらっしゃる方でした。中継先の国から「日本人の彼女がほしい」と訴えていた男性に向かって、そのタレントさんが「私なんかどう？」と振ったところ、彼は「絶対に嫌だ！」と返しました。

そこまでなら、単なるテレビ的な笑いの流れなのかなと思う人もいるかもしれません。ただ、そのあとに続けて中東の彼が言ったのは、「あなたはブタだ」というような言葉でした。「ブタ」というのは、ムスリムにとって「不浄な生きもの」（けがれた生《い》きもの）と考えられています。彼にしてみれば、何か特別な意図のある発言ではなかったのかもしれません。しかし私はそれ聞いた時に、「この表現を笑ってもいいんだっけ？」と頭の中が疑問でいっぱいになりました。

中東の彼の大袈裟なジェスチャーなどもあり、スタジオにいる人たちは爆笑していました。ブタといわれたタレントさんも、その場では笑って受け流していました。

収録後、「あそこは笑ってはいけないところ。どういう意図があったかはわからないけれど、あの場面を見て傷つく人もいる」と私が伝えたところ、番組のプロデューサーからは「え、なんでダメなの？」という反応が返ってきました。結果として、その場面はカットされることになったものの、もしもそのままオンエアされていたら、視聴者はどう思ったのだろうと考えてしまいます。

番組を作っている側は、みんなで笑っている。彼らには、「おもしろい」という認識しかないのだろうな……。そう思うと、なんだか悲しくなってきました。その後も似たような問題点を指摘することが続きました。そんな時には決まって「過敏すぎる」とか「目くじらを立てすぎる」などと言われ、締めとして、「そんなことを言われたら番組で何も言えなくなるよ」と返されるのが定番となっています。

世の中では、ＬＧＢＴＱという言葉が一般的にも知られるようになってきました。メディアでもしばしば取り上げられています。でも、番組を視聴者に〝見せる側〟である作り手たちは、ＬＧＢＴＱについて、じつは何も知らないのではないか。彼らとやりとりする中で、そんな疑念を抱きました。

どうしたらよいのだろう。モヤモヤとした思いを抱えている時に、ＩＣのトレーニングの授業でジェンダーについて学びました。「これだ！」と思ったのは、その時です。日本のメディア環境に足りていないのは、ジェンダーに関する知識であり、とりわけ、ＬＧＢＴＱと呼ばれる人々に対する一般の人々の認知バイアス（先入観などによって、物事の判断が非合理的になる心理現象のこと）などを含めた、基礎的なジェンダーの知識なのではないかと気づいたのです。

昨今は、一般の人々のほうがそうした問題に対する意識が高くなっていると感じます。本来はオピニオンリーダーたるべきメディア側の感度が、鈍くなってしまっているように感じることもあります。なのに、現場では「視聴者に合わせないと」などという発言も飛び出してきます。これは、「作り手である自分たちが、視聴者のレベルに迎合し、わかりやすくしないと」という意味合いです。これには驚きしかありません。

なぜ、そんなことになっているのか。それは、この業界が本質的に男性優位社会の論理で動いていることとも関係があると思っています。そうした側面については、本当にどうしたらよいのかと頭を悩ませています。「女性目線で番組を作ろう」などという触れ込みを掲げながらも、番組を作っているのが全員男性だったりすることもその一例です。

制作サイドに観てもらいたい映画をつくる

メディア側のジェンダーに関する認識の甘さをなんとかできないか。そう思った私は、映像を制作する側の人々に観てほしいと思い、映画を作ることを思い立ちました。友人でもある映像ディレクターの和田萌さんに話を持ちかけ、どのようなものなら見てもらえるかを話し合いました。

そうして完成したドキュメンタリー映画が、『であること』（英名：being）です。

ひと口にLGBTQと言っても、その内実はさまざまで、性自認や性の対象もそれぞれ違っていれば、服装や喋り方などのスタイルもまちまちです。「ゲイと言えばオネエ言葉」といった、メディア関係者のあいだに見られがちなステレオタイプな見方をまずは相対化したいという思いが、私の出発点でした。

和田さんが監督で、私自身はプロデューサーを務める一方、インタビュアーとして出演してもいます。実質的には、和田さんと私の二人が中心となって作った映画です。資金はどうしようかという話になった時、私のICの講習費用を持ってくれた番組制作会社エポックルの大平さんが、またしても、「大事だと思えることだから、やりなよ」と言って制作費をサポートしてくれました。

ICとしてのトレーニングの費用に引き続き、この映画の資金を拠出したところで、彼自身にはなんの得もないのですが、「意志を持って何かする人を応援したい」と言ってくれています。

「今回は〝映画〟らしいトーンにしたい」という意向を示していたところ、映画を撮っている撮影監督などを紹介してもらい、制作の過程から多くの人の支援をいただきました。和田監督のご縁でテーマ曲を提供してくれることになったのは、作曲家・原摩《はらま》利彦《りひこ》さんです。

そして語り手として出演してくれたのは、性自認もさまざまなLGBTQの当事者七人と、マスメディア関係者二人の計九人。ほとんどは私の友人、もしくは友人から紹介していただいた方々でした。

僧侶であり、LGBTQ人権活動家でもある西村宏堂《にしむらこうどう》さんだけは、ご著書の『正々堂々私が好きな私で生きていいんだ』(サンマーク出版)を読み、私のほうから連絡をしました。快く引き受けてくださり、ご出演いただくことになりました。

そんなふうに、『であること』は多くの心ある協力者のおかげで成立した映画だったのです。

映画の撮影は、二〇二〇年の八月、一〇日間でおこないました。完全なドキュメンタリーで、台本などもありませんでした。登場してもらうのが主として私の友人になったのは、すでに私との関係性ができている人のほうが気兼ねもいらず、深いところまで話を聞けると思ったからです。同年一二月には編集が終わり、二〇二一年二月には試写会にこぎつけているので、相当なスピードでした。

上映は、ミニシアターでやってもらうことが多かったです。神奈川県では、逗子のシネマアミーゴがあれこれと動いてくださり、三つのミニシアターで同時に上映し、その後、ネットでつないでトークショーなども開催してもらいました。

コロナ禍のさなかだったため、いろいろと制約はありました。でも、「売上げを立てなければ」という意識がゼロだったおかげで、本当に好きなようにやらせてもらえました。クラウドファンディングも利用しましたが、それは制作資金を集めることが目的ではなく、資金を出してくれた人が、「自分の映画だ」という意識を持ってくれるのではないかと思ったからです。目標額は四日くらいで達成し、試写会や上映会などはそれを資金にしておこないました。

ミニシアターはお客様との距離が近いので、いろいろな感想をいただきました。ほめていただいたものもあれば、反省を促されるものもありました。厳しいコメントこそが、私たちに新たな気づきを与えてくれました。

そうして映画が完成してから三年が過ぎ、結果としては日本全国、ずいぶんあちこちで上映してもらえました。現在でもフィルムを貸し出すかたちでの上映は続いています。ただ、この映画をいま、あらためて前面に押し出していきたいかというと、積極的にそこまでの気持ちは持っていません。

この映画はあくまで、二〇二〇年時点での私たちの知識やスタンスが反映されたものです。そして、知識やスタンスは、つねにアップデートされるべきものだと思っています。よって、いま制作するのであれば、別のアプローチを取るのかもしれません。とはいえ、あれは当時の私たちが持てる力を最大限発揮した作品だと思っていますし、あの作品を生み出せたことに喜びを感じています。

映画を作った時点では、私はただ、この問題に関して、いわば時代遅れな考え方も残っているメディア関係者に観てほしいという気持ちだけに衝き動かされていました。でも上映後、当事者の方々を含む多くの人からさまざまなご意見をいただく中で、初めて気づかされたことも少なくありませんでした。

たとえば、「最初は、初対面の相手にいきなりあんなぶしつけな質問をしているのかと思ってヒヤリとさせられたし、観ていて少しつらくなった」という意見もありました。それを聞いてから、「インタビューの相手は、信頼関係のある友人」ということをすぐに宣伝用のチラシに明記し、観る前に私と取材対象者の関係性がわかるように変えました。そのうえで、観客に対しては、当事者に向かってそんな調子で無造作に質問したりしないように注意を促したりもしています。

これらのことを踏まえて、次に映画などを作る機会があれば、もっと広い視野を背景に、私たちのたいせつにしていることを取り上げたいと考えています。

この映画を作ったことでさまざまな人たちと出会い、さまざまな対話を経験して、私たち自身がいろいろな知識を得ることもできました。知らないこと、わからないこと、まちがうことはいまでもたくさんありますが、知ろうとすることをやめてはいけないと思います。

広めていくことのむずかしさ

いずれにせよ、私たちがこの映画を、映像を制作する側の人々に観てもらいたいと思って作った、という点に変わりはありません。ただし、常日頃から作る側の人は、映画の内容というよりは、構成や編集がどうなっているかといったことに関心がいくようで、こちらの伝えたいことが伝わっていないのではないかと思われる節もありました。

映画を観た一人が、「大丈夫、俺はゲイの友だちがいるから」と言っているのを聞いて、「違う。ぜんぜん伝わっていない」と残念に感じました。「ゲイの友だちがいる＝LGBTQに対する偏見がない」ということが言いたいのでしょう。悪意がないのはわかりますが、友だちがいるからといって偏見がないとは限りませんし、そもそもゲイがLGBTQの代表というわけでもありません。そのレベルで「俺は大丈夫」と言い切れてしまえること自体に不安を覚えました。

劇場に足を運んでくださった方々の中で目立ったのは、もともと何かしらの問題意識を持っている方でした。学生など若い人たちが強い関心を向けてくれたのもうれしいことでした。反面、「本当に伝えたい人にはなかなか届かない」という歯がゆさを痛感させられもしました。

その点は、本も似ていると思っています。なんらかの問題を取り上げている本について、「この本を読んでみたらいいのに」と思う人こそ、読んでくれなかったりします。本を率先して読む人は、もともとなんらかの危機感や問題意識を抱えていたり、世の中の何かを変えたいと思っていたり、知識を得たいと思っていたりするものです。

逆に言えば、その本や映画の存在が当たり前のように浸透し、「みんな読んでいる。みんな観ている。自分もこれは知っていないとまずい」と誰もが感じるくらいにまでならない限り、本当にそれを知ってほしい人たちには伝わらないのだと思います。

ICという存在やその役割についても、そのレベルまで浸透しないことには、ICが真の意味で力を発揮することはできないのではないかとつねづね考えています。

一方、世の中一般では、この映画が作られてからの三年間で、LGBTQに対する認識もだいぶ深まってきています。それでも、社会環境は、動いているようでちっとも動いていません。少なくとも、国は動いていないと感じます。

そのあたりについては、じつはICについても似たような感覚を抱いています。この職種については、これだけ人口に膾炙《かいしゃ》して知られてきた。にもかかわらず、根源的な部分での認識が変わっていないようも思えるのです。

もちろん、変わってきたこともありますが、根源的な部分が今後、本当に変わっていくのかどうかという点については、懐疑の念を拭えずにいます。まだまだ前途多難です。

2　思考停止を促す現場での闘い

問題点は指摘する

ＩＣが導入されるようになって、撮影現場がどう変わってきたかというと、着実に改善されている面もあれば、まだまだという部分もあるのが現実です。全体としては、依然として過渡期にあるのだという印象を受けます。

いわゆるインティマシー・シーンさえセオリーどおりＩＣによる調整のもとで撮影すればよい、という話ではないのです。その意味では、作品全体がクリーンになっているとは言いがたい状態です。

何度か述べましたが、私たちＩＣが撮影に立ち会うのは、全撮影日程のうちのせいぜい数日に過ぎず、そのあいだに関与できることも限られています。

二〇二二年から現在にかけて、映画界や芸能界での性暴力についてようやくメディアが取り上げるようになり、その問題が可視化されはじめました。同年はその流れで、ＩＣが取り上げられる機会が増えました。

はっきり申し上げておきます。ＩＣだからといって、何かを大きく変えられることなんてありません。Ⅱの「4　システム不全の日本」でも触れたとおり、女優のレア・セドゥもインタビューで、撮影現場にインティマシー・コーディネーターがいたとしても「あまり助けにはならない」と答えています。ＩＣにも、できることとできないことがあります。ＩＣだからできるのではありません。どのような立場であっても、あってはならないことを人として止める権利はあると思っています。ただしそこには、権威や権力を持つ側とそうでない側の力の格差が存在します。相談しても本質をわかってもらえないばかりか、自分が損をする可能性がある。そんな状況の中で声を上げるのは、とても勇気のいることです。

子どもの頃、田嶋陽子さんをテレビで見た時には、「いつもテレビで怒っている、うるさい人だな」と感じていました。当時は、田嶋さんが何に怒っているのかについて興味を持つことすらありませんでした。しかし、あのように声を上げてくれる人がいたおかげで、その後、少しずつ社会がよくなっているのだと、いまの年齢になって気づきました。

そうやって私たちは先輩たちに守られてきたのです。今度は私たちが声を上げていかなければ、という思いがあります。めんどうな人と思われるのを恐れずに、声を上げやすい環境を作っていきたいと強く思います。

そうは言っても、もちろん、撮影現場で起きるのは、悪いことばかりではありません。仕事として楽しいし、やりがいもあるから続けていけるのでしょう。ただ、問題があるなら、それは指摘すべきだと思うのです。

ＩＣの守備範囲を外れた問題ではあっても、黙っていられなかったという事例があります。あるドラマの台本を見ると、登場人物の女性が「派遣社員になった」という締めくくりになっていました。一視聴者として見た場合、彼女の行き着く立場が派遣社員であることには、必然性がないように見えました。脚本家にどういう意図があったのかはわかりませんが、おそらく無意識に「女性といえば正社員ではなく派遣社員」という決めつけから、「派遣社員」と書いてしまっていたのではないかと私には感じられました。

そこで、「どうして〝派遣社員〟なんですか？」とプロデューサーに聞いてみたところ、「たしかにその理由はないね」という話になり、雇用形態については触れないことになりました。

私が口を出すことではないし、でしゃばりすぎていると自分で感じることもあります。

でも、何も指摘しないまま作品が世に出て、誰かを傷つけたりしようものなら、作品に関わった人々のがんばりも水の泡になってしまう。最終的に決めるのは演出やプロデューサー陣なので、相手がノーと断れる余白を残しながらも、気になることは質問や提案ベースで伝えるようにしています。

ＩＣだから言えるというわけではありません。基本的には、誰でも言えるのです。私個人として、「やはりあの時、言っておけばよかった」と後悔しないように、指摘できることは指摘していこうと思っています（そうは言いつつ、言うだけ言って後悔することも多いのですが）。

実際に炎上したことのある広告や番組などの制作過程でも、誰かが疑問を持っていたかもしれないと思うことがあります。でも、その誰かが問題点を指摘できなかったり、指摘したとしても聞いてもらえなかったりしたことから制作がそのまま進行してしまい、結果として炎上したのではないか、と想像したりもします。

そのようなかたちで、全体に「意見を言いにくい風潮」がまん延してしまっていることも、この業界が抱える問題点のひとつだと思っています。

予算が足りていない

そうした風潮の温床となっているのは、突き詰めれば、現場における予算の乏しさなのではないかと私は見立てています。下りてくる予算が乏しいうえに、ギリギリのスケジュールで進行するかたちになる。だから、何か気になることがあっても指摘しづらいし、指摘されたほうにも、それに一つひとつ対応する余裕がないのです。

特にドラマ撮影の現場には、その傾向が強いと感じています。

ＩＣとしてすべきことは、どの現場であっても変わりません。しかし、現場の仕組みという点で言うなら、映画とドラマとではまったく異なっています。

映画の制作現場で会ったある人は、「自分は以前、ドラマを作る現場にいたけれど、いまとなってはもう戻れないと思う」と言っていました。ドラマの現場のほうが流れ作業的な要素が大きく、それを苦痛に感じるということだと思います。

もっとも昔と違って、現在は映画とドラマの距離が縮まっています。海外でも最近では映画俳優がドラマに出たり、逆にドラマ俳優が映画に出演したりといったことも多くなり、全体がフラットになってきているのかなと感じます。

これは余談ですが、現場で配られるお弁当を見ると、それが映画の現場なのか、バラエティの現場なのか、ドラマの現場なのか、ＣＭの現場なのかがわかると、スタッフとのあいだで話したことがあります。

多くの現場がそうですが、制作側からは「予算がないので……」という言葉がふたこと目には出てきます。この国の制作現場には、なぜそんなにお金がないのだろうと疑問に思うこともあります。でも、乏しい予算でやりくりすることが常態化してしまうと、その後、同じ規模の作品を作る場合に、予算が引き上げられることはまずないだろうと思います。日本人の真面目な気質が利用されているのではないかと疑ってみたりもします。

二〇二三年、アメリカのハリウッドでは、全米脚本家組合（WGA）と米俳優組合（SAG-AFTRA）が自分らの権利を求めてストライキをおこないました。権利を求めて主張する。この部分が、日本だとまだまだ弱いのかもしれません。

二〇二〇年、ICとしてではないかたちで、ある映画の現場へ応援に行きました。私は映画やドラマ業界の作法を知らなかったので、最初にギャラと日数を確認しました。通常のロケ・コーディネートの仕事では、仕事を引き受ける前にギャラの話をすることは当然だったからです。プロデューサーは対応してくれました。しかし、まわりの人たちから「お金の話する？」というような声が漏れ聞こえてきて、驚いた記憶があります。

仕事なのだから、お金の話はします。たとえ値切られたとしても、こちらが事前に納得していれば、あとで揉めることもない。逆に、お金の話をあいまいにしたまま仕事をするのはなぜなのでしょう。いまもって理解できません。

なんとなく理解できるのは、雇用条件などに不満があっても、いつも仕事に追い立てられているため余裕がないということです。加えて、そういった悪習慣の中で仕事をしすぎて、自分たちがどれだけ不当な立場に立たされているかを認識することさえ、むずかしくなっているように思えるのです。

やりがいの搾取

かなり減りはしましたが、未払いや値引きの話はいまも耳にします。報酬が支払われなかった場合に、ただあきらめてしまったりしているのです。その人は被害者なのであって、当人に責《せ》めはありません。ただ、現場で働く当人たちも、自分の権利を守るために、声を上げることを断念してはいけないと私は思っています。

もっとも、彼らが声を上げることもできずにいることについては、無理もないと思うところもあります。作品の制作に入ってしまえば、早朝に起きて現場に向かい、帰宅するのは深夜。睡眠時間は数時間といったことも、彼らの生活にはザラに見られるからです。

現場であれだけつらい目に遭ったのだから、もうやめてやる。私自身も、撮影の最中はそう思うのに、ロケが終わると楽しい記憶しか残っていなかったりします。嫌な記憶が楽しい記憶に上書き保存されてしまうので、また仕事を受けてしまう。これはどういう心理なのだろう。同業者とよくそんな話をします。

近年は、労働環境もかなり改善されているとは聞きます。ただし、そのしわ寄せが中間管理職の世代に及んでいるようにも見えます。つい最近も、知り合いのディレクターが倒れたと聞きました。若手を休ませる代わりに、中堅のスタッフが仕事を引き取り続けた結果なのかもしれません。

どこかをクリーンにしようとすると、別のところにしわ寄せがいく。この業界に必要なのはクオリティ・オブ・ライフの考えを根付かせることなのだと、つくづく思います。心身が疲労困憊している時に、無数の情報の中から、自分自身の救済の助けになる情報を探し出すのは無理な話。まずは人間らしく生活できるような環境に変えていくことが必要なのでは、と思っています。

この業界で働いていると、これは「やりがいの搾取だよなぁ」と思う瞬間が多々あります。真面目で責任感が強い人が多いので、冷静に考えれば無理難題なのに、がんばってそれに応えてしまう人が多いのだと思います。

そもそも無理難題をふっかけてくることがおかしいのであり、それは私たちの問題ではないはず。でも、仕事を断って穴を開ければ大きな損害が発生することはわかっている。

だから現場の人々は、穴を開けないようにしつつ、全員で死力を尽くして無理難題を打破してしまうのです。

そうやって無理にでも企画を成立させてしまうことで、本来なら改められるべきだった理不尽な条件がそのまま通用してしまう。是正されないままその後も踏襲されることになる。その意味では、自分で自分を追い詰めているようなものなのかもしれません。

それは、無理そうな企画でも、「ほら、できたじゃん」と言わせてしまうような前例を作ってしまうということでもあります。毎回、それに自分も加担してしまったと思ったりします。一方で、「この条件ではできない」と私がはっきりとノーを突きつけたとしても、その条件で話を受けてしまう別の人がいれば、結果として何も変わりません。そんなことを繰り返しているようにも思います。

制作側に不都合になると切り捨てられる……。自分がただの駒のひとつだったと気づかされた時は、とても虚しい気持ちになります。

怒るべき時には怒る

先ほど述べたように、海外の映像業界では、働き手の権利を守るために、最近でもストライキが起きています。他方、日本でそういう動きが起きることはないのだろうな、とよく仲間と話しています。

仮に、私が賃金についてストライキをしようとまわりの人に相談し、連帯することになったとします。ストライキがはじまると、同じ条件もしくはさらに安い金額で請け負う人たちが登場します。発注する側にしてみれば、「だったらそちらにお願いすればよい」ということになり、痛手を負わない可能性があります。

現場にいる私たちは、そうやって声を上げるという手段そのものを取り上げられてきたうえに、そのことをおかしいとも思ってこなかったところがあります。でも声を上げることは正当な権利であり、それをもっと大事にすべきだと私は思うのです。そして、私自身は正しく怒ることをしてこなかったと感じています。

あの時、怒ればよかったのに、事態を収拾させることを優先し、自分の気持ちを置き去りにしていた……。そのようにいまでも後悔していることがいくつかあります。

怒るべき時に怒る。それを実行するためには練習が必要です。怒るべき時に怒るには、瞬発力が必要だからです。私の場合は、数時間後、数日後、数週間後になって、「やはりあれはおかしかった。あの時怒るべきだった」という感情が湧いてきたりもします。訓練していないと、すぐに実行できるようにはなりません。

しかしながら、それはこの業界に限った話ではありません。背景にあるのは、協調性を重んじ、空気を読んで、和を乱さないのがよいことだと人々の心に刷り込んできた、日本社会そのものの特質なのではないかと私は見立てているのですが、その詳細については次節に譲ります。

ここで問題なのは、その制御がつまるところ、抑圧でしかないということです。溜めに溜め込んだものがある時点で爆発して、過激な行動に帰結してしまわないとも限らないのです。

そうならないようにするには、嫌なことは嫌だとその都度はっきりと意思表示すべきです。そして、そういう意思表示をすることを日ごろからつねに練習しておかなければ、いざという時に言葉として表明することができないのではないかと思うのです。

ただし現実には、伝えても伝えても「暖簾《のれん》に腕押し」という手応えのなさを感じることを否めません。わかってくれないなら言い続けるしかない。とはいえ、それを延々と続けているうちに、事態は「千本ノック」めいた様相を呈しはじめ、「私はいったい何をやっているのだろう」という無常感にさいなまれたりしています。

3　日本社会が放つ見えない圧力

被害者が声を上げざるをえない構造への違和感

多くの場合、被害を受けている当事者こそが、ことさらに声を上げなければ事態が動かないような仕組みになっているのも事実です。そして、声を上げることのしんどさのようなものを痛感させられる機会は、もちろんこの私にもあります。

前述しましたが、未払いに遭った時に、とにかく毎月、「あの支払いはどうなっていますか」と連絡していました。連絡しても居留守を使われる。連絡がついても、そのたびに相手の言い訳を聞かされる。それを六カ月続け、最終的には「弁護士に相談します」とか「労働基準監督署に行きます」とまで言って迫ることを余儀なくされました。それでようやく支払ってもらえたのです。

その時、「正当な報酬を支払ってもらえていないという意味で私は被害者なのに、なぜ被害者の側が声を上げ続けなければいけないのか」と心底疑問に思いました。六カ月間、声を上げ続けたその労力に対しても、何がしかの代償を請求したいとさえ思ったほどです。

世間では最近、何かと「声を上げろ」と言われています。#MeToo運動もその典型例でしょう。もっともだとは思います。しかし、弱い立場にある側、改善を求めている側が声を上げ続けなければならないということに対しては、理不尽さを感じてなりません。

声を上げること自体がしんどい上に、声を上げることによって、その被害者がさらに二次被害を受け続けるという側面があることも問題です。

痴漢被害もそうです。高校生の頃、自分や友人も含め、電車通学する学生が、日常茶飯事のように痴漢被害に遭っていました。それを当時のおとなに訴えても、「そんな短いスカートを履いているあなたが悪い」とでも言わんばかりの調子でした。

痴漢に関しては、ここ最近でこそ犯罪だと認識されるようになってきたと思います。ただし、それでも世間の認識は甘い。被害を受ける女性たちも悪いと捉えるような見方がいまだに存在している。たとえば、「被害に遭いたくないなら、体の露出を控えればよい」といった声も聞きます。

何を着ているかということ以前に、たとえその人が裸であったとしても、本人の同意がない限り、触ってはいけないものは触ってはいけないのです。

私がはじめて痴漢に遭ったのは小学校六年生の時です。デパートのエレベーターの中でした。小学生が一人でエレベーターに乗ったのがよくなかったのでしょうか。それとも、スカートを履いていたのが問題だったのでしょうか。あの時の恐怖は忘れません。「やめてください」と言えた自分がすごいと思っていましたが、本来であればそんな勇気自体が必要ではないはずです。

私はいま、四四歳になります。エレベーターでの出来事は三〇数年前のことなのに、いまでも覚えています。その後、電車の中でたびたび受けた被害についても、自分の中では、何気ない日常の中のひとコマであったかのように記憶を書き換えていました。でも、いまとなっては痴漢に遭うのが日常の出来事のひとつだったなんて、異常すぎると思います。

リテラシー教育が不足している

ICになったことがきっかけで興味を抱き、勉強するようになったことのひとつに、アンコンシャス・バイアスがあります。日本語では「無意識の思い込み」と訳されます。

私が読んだある本には、前提として、「人の心にはさまざまなバイアスが存在し、それ自体は正常なことなのだが、その自分のバイアスを使って、他者に利益・不利益をもたらすことが起きてはいけない」といったことが書かれています。

痴漢被害などに関して認識を歪めているのもアンコンシャス・バイアスであり、それは教育によって刷り込まれたものだという気がします。ただ、そうしたものごとをどう判断すべきかということをめぐって、自分の中に確固たる土台が築かれていれば、判断にあたって適切に情報を取捨選択することができるようになるのかもしれない。そう思って、トレーニングを受けました。

その結果、社会からの刷り込みによって欠け落ちてしまったものをどうにか補えないかと考えるようになりました。一例として、若い子たちが観そうなドラマでセックスシーンが演じられる場合、なんらかのかたちでコンドームに言及するといった工夫をしてほしいと私は思っています。

コンドームを装着するところなどは描写しなくてもかまわないのですが、セックスをする前に登場人物がコンドームを取り出す場面を挿入したり、会話の中でそれに触れたり、あるいはその場にコンドームの袋が映り込むようにしたりしてほしいのです。そういう意向は、現場にも伝えています。

これまでのエンターテインメント作品は、そういう部分をスキップしてきました。でも、若い世代もそれを観るということを考えると、エンタメの作り手としては、その点にも責任を持たなければならないのではないでしょうか。そういう部分も変えていかなければいけないと思うのです。

すべての作品にその基準を一律に適用するわけにはいかないことはわかっていますが、

せめて若い子が観そうな作品については、可能な限りそうしてほしいと思っています。

韓国の若手監督の現場で撮影した際、コンドームをどのように映像内で見せるかをチームで話し合っていました。彼らのスタンスとして、「セックスシーンを入れるならコンドームのカットを入れるのは当たり前でしょう」というスタンスでした。それを聞いて自分のやりたいと思っていたことはズレてはいないんだな、と感じたのを覚えています。

相手の同意が得られているかどうかという点についても、なんらかの描写が必要なのではないかと感じています。以前なら、男性が女性に「壁ドン」して、相手が嫌がっていても無理やりキスして行為に及んでしまい、結果としては女性も満足する、といった流れがストーリーの中に組み込まれていたりしました。そういう演出の中にも、ちゃんと「同意が得られている」ということをどこかで示してほしい、と監督にも折々に訴えています。

同意文化を考える

最初の頃は、「それをいちいちセリフなどで表現しようとすると説明がましくなる」と反論されました。その結果、「同意している」ということをセリフ以外で表現できないか、「同意している」ということが視聴者にもわかる仕草や表情などがないものか、と模索をはじめることになりました。

そんなかたちで必要に迫られて、私はボディランゲージについても勉強し、国際ボディランゲージ協会の認定講師の資格を取得しました。

ただしそれは、学べば学ぶほどむずかしいものだということがわかってきました。言葉を発さずにボディランゲージだけで何かを伝えるというのは、つねにハードルが高い。お互いに一定の知識を持っていなければ、相手が本当に同意しているのかどうかを読み取るのは困難なのです。

本人の真意が顔の表情に表れるのは、たった一・二秒から一・五秒のあいだだと言われています。日本人は、真意をすぐに覆い隠してしまう傾向が強いので、特に表情に表れる時間が短いと聞きます。空気や相手の表情から、相手の本意が読み取れると思っている人は多いのではないでしょうか。しかし、それはむずかしいと思って臨んだほうが安全だと言えます。

数回デートした相手に手を繫がれた。本当は嫌だなと思った。けれど、その場の空気を悪くしたくなかったから、駅までの数分は我慢しようと思った。嫌だと言わないし、相手は彼女が同意しているとみなしたので、次のアクションを起こした……。こういうことは、実際に起こっていることです。

そんなわけで、ボディランゲージは勉強したものの、言葉を使わず、視聴者にもわかるように同意を示すのは簡単ではないとわかりました。もちろん、積極的な同意を示す方法はあると思います。それについては演出などに関わってくる部分なので、もっと勉強して、理解したいと思っています。

ＩＣにとっても、同意とは何かを制作側や役者に伝えることは、重要な仕事のひとつです。以前、「それでいい」と言ったからといって、別の機会に「前はそれでいいと言ってたではないか」と勝手に判断し、物事を進めていくのは危険です。それまでは了承していたことでも、あとになって「無理」と覆す権利があるのです。そのことを伝えるようにしています。

海外では、同意、あるいは性教育に関する子ども向けの書籍がたくさん出版されています。翻訳されているものでいえば、『いえるよ！ＮＯ』（大月書店）という子ども向けの本があります。サブタイトルには、「わたしらしく生きるための大切なことば」と書かれています。作品の主人公は、毎日の生活の中で「ＮＯ」という言葉の上手な使い方を練習していきます。

すべてのことに「ＹＥＳ」と答えるのがよいことだと思い込んでいた私にとって、この本は大きな気づきになりました。たまに読み返し、自分の思い込みをリセットするようにしています。誰にとっても「ＮＯ」を言うのは簡単なことではない。だからこそ、日々の練習が必要なのだと思います。

そうした「同意文化」を当たり前のものにしていきたいというのが私の願いです。草の根運動でもかまいません。少しずつでも賛同者が増え、連帯の輪を広げていくことで、小さな声が大きな声になっていけば、何かが変わっていくかもしれません。

同意が得られているかどうかということは、ＩＣの現場でもっとも重視されるキーポイントでもあります。その点をうやむやにすることこそが、さまざまな問題を生み出しているのではないでしょうか。

「ちゃんとしなければ」という強迫観念

協調性や「和」を重んじ、「空気を読む」ことが大事とされる文化の中にいると、「ＮＯ」と言うのは簡単なことではないかもしれません。自分の気持ちよりも、「人に迷惑をかけてはいけない」「人がどう感じるか」などを優先してしまう人も多いと思います。

自分が何か発言したり、嫌だと言ったりする。そのことで、撮影スケジュールに影響を与えたり、現場の人々に迷惑をかけたりしてしまう。そんなことになるのは嫌なので、発言するのを我慢したという声を聞いたことがあります。とにかく負担をかけないように、迷惑をかけないように、という気持ちを優先するあまり、自分の気持ちをあと回しにしてしまう。それこそがプロだというような空気すらあります。

人がそうした考え方にとらわれてしまうのは、先に述べたように、教育などを通じて過去から積み重なってきた、ある種の刷り込みによるものなのではないかと思います。

仕事やプライベートで海外とのあいだを往復する際にも、日本に帰ってくるたびに思うことがあります。帰国した直後は、インフラが整備されていることやどこも清潔であることなどが心地よくて、「日本っていいいな」と思う。しかし、そのまま日本に留まっていると、ほどなくなんだかつらくなってくるのです。

それは、「がむしゃらに働かなければならない」という気持ちにさせられるからです。誰に強制されているわけではないのに、つねに「ちゃんとしなければいけない」という思考になりやすくなる。「日本でキャリアを積むためには、認められ、きちんと仕事をして実績を残し、つねに人に求められなくてはいけない」といった過剰な気負いを、自ら背負い込んでしまっていたのです。

日本にいると、「仕事第一」のような空気を感じて、私自身もそういう気持ちになってしまうということです。

時々、立ち止まって自分を振り返ることが必要になります。がむしゃらに働くこと自体は悪いことではない。しかし、そういう人生を自分は望んでいたのかという疑問が脳裏に浮かぶ瞬間があるのです。去年から月に一回は旅に出るようにしているのも、立ち止まる時間を作るためです。

「これが本当に私のしたかったことなのか」とか、「私はなぜいま、こんなに必死になっているのだろう」などと考えを巡らさないと、周囲を取り巻く空気の中にどんどん巻き込まれていってしまう。そういう意味でのしんどさは、私もつねづね感じています。

最近になって、それは本来の私の考え方とは違うと感じるようになったため、これから少しずつでも軌道修正していきたいと考えています。

心に余裕がない

海外で暮らしているあいだは、そういう強迫観念を感じていませんでした。

私の半径五メートル、一〇メートルの範囲内——つまりごく近しい間柄の人々を見ていると、その日が楽しければすべてよしで、先のことまで考えすぎないという感じでした。だからこそ、「このままではまずい」という気持ちになったところもあります。

そして帰国してからはずっと、「自分はできるということを証明しなければ」という思いに駆られていました。どちらがよいというものでもありません。でも、両方の生き方を経験したからこそ比較できるという面はあると思います。

日本で働きはじめた当初は、「ああ、みんなガツガツ働いて忙しそう。かっこいいなぁ」と感じて、それが新鮮でもありました。それから十何年経ったいまでは、「もう無理だな」と感じてしまいます。ほかの人について、「みんなよくこんなハードな生活をこなしているな」と感心もさせられます。

若い時は、忙しいことをステイタスのように感じていた気がします。また、日本で働きはじめたのが遅かったこともあり、自分の能力を認められたかったし、仕事で必要とされたいという承認欲求が強かったのかもしれません。

心に余裕がほしい。そんな内容の投稿をFacebookなどにもしていました。余裕なんて、放っておいたら生まれるものではありません。ですが、いまでも何がほしいか聞かれたら、「余裕」と答えるような気がします。つねにギリギリで生きているので、余裕を持って行動できるようになりたい。金銭的にも余裕がほしい。時間の余裕もほしい。そう考え続けて現在に至っています。

Iで、コロナ禍になって真っ先に私の安否を気遣ってくれたアフリカの友人たちについてお話ししました。頼れるコミュニティがある彼らが、私の目には眩しく見えました。

今後は、そういう場所を作っていく側になりたいと思います。

友だちが多ければよいのか

子どもの頃に歌わされた唱歌『一年生になったら』には、「ともだちひゃくにんできるかな」という歌詞があります。『はないちもんめ』では、「〇〇ちゃんがほしい」と互いに言い合って、友だちを取り合ったりします。「つねに誰かに必要とされていなければいけない」といった考えを植えつけられていたような気がするのです。

和歌山県の小学校に通っていた頃、私は全校児童の中でただ一人、ピンク色のランドセルをしょっていました。当時、ランドセルといえば、男子は黒、女子は赤が当たり前でした。しかし、それまでは東京暮らしで、ランドセルも東京で買ってもらいました。東京の百貨店には赤と黒以外の色の選択肢があったのです。その時はそれが普通だと思っていたので、自分の好きな色を迷いもせず選びました。

ただ、ピンクが好きだったからそれを買ってもらったわけですが、実際に小学校に通いはじめてから、「どうして赤にしなかったんだろう」と後悔したのを覚えています。みんなと同じでないことに不安を感じたのだと思います。だからといって気に病んだとか、消極的になったわけではありません。当時から、なぜ上級生は一〜二歳年上なだけでいばっているのかなどと、母に詰め寄っていました。

いずれにせよ、子どもながらの本能で、「和」が大事であることや、一人だけ目立つと排除されかねないといったことを学んでいたのかもしれません。学校生活を円滑にするためには、排除されないという立場を確保した上で、どこまで個を主張できるかが課題だと気づいたのだと思います。

小学校高学年で東京に戻りました。クラスの中に大きめの仲良しグループがありました。仲がよいはずなのに、ある日突然、リーダーの気分次第で仲間の一人が排除されました。それからは、一定の期間が過ぎるごとに、違う子が仲間外れにされるようになりました。リーダー以外の子は、まるでローテーションのようなかたちで排除されていくのです。ある日、突然仲間外れになってしまうことは、社会生活の場が学校と家しかない子どもにとって、恐怖以外の何ものでもありません。もちろん私も仲間はずれにされました。私の場合は、別のグループに入れてもらい、それなりに学校生活をやり過ごすことができたのですが、その時、仲間に入れてくれた子どもたちには感謝しかありません。さすがに、当時の私には、一人でも大丈夫と言える強さはありませんでしたから。

このような体験をしてみると、「友だちは多ければ多いほどよい」という価値観は、いつ、誰が、どのように刷り込んでいくものなのだろう、と不思議に思います。

4　インティマシー・コーディネーターの未来は？

アクション・スクールに通う

ＩＣのライセンスを取得してから、周辺のさまざまな問題に興味を持つようになり、自主的にあれこれ勉強してきたことは、すでに述べたとおりです。

前節で触れたアンコンシャス・バイアスやボディランゲージもそのひとつですが、アクション・スクールに通っていることも、その一例に数えてよいと思います。

きっかけは、ある作品の現場で、私以外にも、アクション部のスタッフが立ち会っていたことです。怪我をしかねないような激しい体の動きを伴うシーンだったため、演じる人の安全を確保する目的で、彼らの立ち会いが必要とされていました。

その場には、ボディ・ダブルと言われる、代役を務める女性もいたのですが、彼女がアクションを習っていると知って、自分もやったほうがよいのではないかと思いついたのです。

アクション・シーンというのは、たとえば喧嘩や格闘、立ち回りや斬り合いなどのシーンのことです。本格的なアクション・シーンには、事故などがないように、アクション部と呼ばれる部署の人が立ち会うのがつねです。他方、シーンの中で頬を叩いたり、腕を引っ張って投げ飛ばすくらいだと、立ち会いがないこともあります。

インティマシー・シーンでも、作品によってはそのような動きなどが入ってくる場合もあります。そんな理由もあって、自分でも基礎知識は身につけたいと思って習いはじめました。

アクション・シーンで重要なのは、本当にそうしているように見せながらも、実際には絶対に怪我をしないよう細心の注意を払った上で撮影するということです。セックス・シーンもそれと同じだと思いました。撮影されたシーンを観ている限りは自然に見えるとしても、実際には統制された動きが必要とされるのです。

そのシーンを演じる役者さんたちそれぞれがどういう動きをするのかを事前に打ち合わせ、それを踏まえたうえで演じるのが大事という点では、アクション・シーンと変わりがありません。

アクション・スクールでは、カメラの位置や角度に応じて、個々のアクションを見栄えよくするにはどうしたらよいか、といったことを学んでいます。アクションには一定の演技性が必要とされるのですが、私は演技についてはまるで不得手です。自分の実技は撮影されて、あとで講師の人が見せてくれるのですが、あまりにも下手でいつも恥ずかしい思いをしています。

アクションそのものは一向に上達していませんし、なかば趣味のようなものになってしまっています。それでも、そこで学んだ危機意識が現場で活かされる場合もあります。

講師によく注意をされるのは、本番でテンションが上がってしまうと、練習の時より力が入ったり、相手との距離を詰めたりしてしまうことです。それは危険なことなので、リハーサルでも本番でも同じようにやること、また相手との距離を詰めすぎてしまったら焦らず立て直すことなどを、繰り返し説かれています。

私が立ち会う撮影現場でも、相手の手を引っ張ったり押したりといった行為がある場合、必ずリハーサルと本番とでは同じ強さでおこなうように役者さんには伝えます。

このように、私は私なりにさまざまな方面から、自分のICとしての仕事の質を高めるべく常日頃努めています。

やりがいはあるが、固執する必要もない

この本でお話ししてきたのは、あくまで私個人がICの仕事をどうこなしているかということであり、それが絶対だとも思っていません。

いろいろなタイプのICがいてよいと思います。得意な部分が違う人が混在していることとは、業界が発展していくうえでも必要だと思っています。そうしていく中で、私自身が淘汰されてしまう可能性も、もちろんあります。そうなったら自分に何が足りなかったのかを振り返りつつ、次の仕事を探そうと考えています。やりがいのある仕事ではありますが、固執する必要はないと思っています。

この業界で生き残っていけるかどうか。その基準は、「質の高さ」になるのがよいと私は思っています。ただし、「質が高いから意義がある」とは極力、思わないようにしています。どこまでも仕事は仕事です。意義やモチベーション、目標があるかどうかより、仕事として受けたものは、やり切る姿勢がたいせつです。

趣味は読書なので、ＩＣの作業過程で台本を読んでいる時が楽しい時間となります。たとえば、二〇二三年一〇月の時点で、同時進行で六作品に携わっています。そうすると、「作品×話数」分の台本を読み込むことになります。読み終わったあとに変更が入り、読み直すことなどはザラにあります。

台本以外にも、監督の世界観を理解するために、原作の本や漫画を読んだりもします。だから、ＩＣを目指すのは、文字を読むのが苦手という人にとっては、たいへんかもしれません。読むことが大好きである必要はないですが、嫌いではないほうがよいと思います。

どうすればインティマシー・コーディネーターになれるのか？

この仕事に若い人々が関心を寄せてくれることには、強い希望を感じています。私たちの世代と違って、ナチュラルに高い意識を持つ彼ら・彼女らは、業界の旧態依然たる構造や風土に風穴を穿《うが》つ原動力となる可能性があるからです。

もっとも、役者や制作側の立場で考えると、いろいろな意味での経験がある人のほうが安心だという人もいると思います。今後増えていくことを考えると、偏らず幅広い年齢層、性別の方にどんどんチャレンジしていってほしいという思いが私にはあります。

それでも、組織にせよ、社会的・制度的な枠組みにせよ、ＩＣという職種の活躍を保障する環境が十分に整っていない中、「誰であれ、ＩＣになりたいならなればよい」と気軽に言うのは、無責任だと思っています。

「インティマシー・コーディネーターになるにはどうすればよいでしょうか」といった質問を、大学生くらいの若い人から受けることもよくあります。そういう質問には、「いますぐになるのはむずかしいので、もしそういう気持ちがあるのなら、とりあえず映像業界で別の仕事をしてみて、それからもう一度考えるのでもよいのでは」と答えています。

広い目で業界を見ること。さらに、ほかの職業という選択肢を持つことも大事だと思っています。それは何より、現在のところ、ＩＣの仕事だけで生計を成り立たせるのがむずかしいからでもあります。

その意味でも、業界でなんらかの経験を積み、ＩＣ以外にもできることを確保しておけば、ＩＣとしての仕事が少ない時の保険になると思うのです。

ＩＣは現状、必ずいなければならないという職種ではありません。先行世代のＩＣである私たちが不適切なふるまいをすると、「こんな職種は必要ないのではないか」とジャッジされてしまう恐れもあります。

業界全体にそう思わせてしまうかどうかも、私たち第一世代のふるまいひとつにかかっています。いまの私にできることは、「ＩＣを導入してよかった」と思ってもらえる現場を少しでも増やしていくことに尽きます。

この業界をよりよいものに

今後、やっていきたいことは何か。あえていえば、「表現考査」について、もっと知りたいと考えています。

表現考査とは、ドラマやＣＭなどの映像作品で使用されている表現に関して、公序良俗に反するものや違法性が問われるものがないかどうか、誤解を招くものがないかどうかなどをチェックすることです。

自分が関わったシーンを見た視聴者がどう感じているのか。そんな視点で、もう少し深い部分から作品に関わりたいです。

また作品全体について、関係者たちがよりいっそうの安全を確保したうえで映像を作っていけるような環境を整えていきたいと思っています。映像作品が好きだからこそ、それを切に願うのです。

繰り返し述べてきたように、ＩＣをめぐる日本の環境には、まだまだ不完全な部分が多く残されています。そのぶん、個々のＩＣには、何をどこまでやればよいのかがはっきりしていないという意味で、苦労する部分もあるのは事実です。でも、それは余白が残っているのでおもしろみがある、ということでもあります。私はそこに、ひとつの希望があるように感じています。

アメリカなどの海外との合作の場合、「役者とのあいだで同意書を作成する」「問題のシーンの撮影に立ち会う」など、求められることが明確です。

その点を踏まえると、日本の現場では、「このシーンはこうしたほうがよいのではないか」といった詳細について、演出なども含めて、監督と話し合って決めていく余地があるので楽しい。そうすると、ほかのスタッフと「一緒に作っている」という感覚をより強く抱くことができて、ありがたい面もあるのです。

もうひとつ、ICが今後、どういう存在になっていくべきかという点に関して理想を言うなら、「ICとは何か」という取材に応じたり、このような本を出したりする必要さえなくなることだと思っています。

二〇二二年だけでも、おそらく三〇件以上の取材を私は受けました。ほとんどは活字媒体です。聞いたことのない職種だから興味を持ってくれているのだろうとありがたく思いもしました。ですが、それが不要になるほどこの仕事に対する認知度が高まり、誰にとっても当たり前と思える存在になることこそが、私の目指している状態とも言えます。

アフリカ専門のロケ・コーディネーターを務めているあいだも、同じことを感じていました。この仕事について、披露できるネタはICよりはるかに多いにもかかわらず、いままで一度も取材を受けたことはありません。業界では、「アフリカにロケに行く」という話になれば、コーディネーターに連絡するのが当然の流れになっているからこそ、珍しい仕事でもなんでもなく、絶対不可欠な職種として昔から存在していました。

ICとしても、それと同じような「当たり前の存在」という立ち位置を獲得できればよいと思っています。そして、それこそが理想の状態だと考えています。

どうすればその状態にまで持っていけるのか。まだ手探りが続いているのが現実です。私としては、日々、もがきながら仕事をしていく以外に、取れる手立てがありません。職種に関係なく、みんなで連帯し、ともに闘い、この業界をよりよいものに変えることができたら最高です。

おわりに　～若い人たちへのメッセージ～

リテラシーを高めるために

すでに四〇代に達している私には、若い人たちに期待したい気持ちが強くあります。若い人たちの清新な力を抜きにして、社会を本当に変えていくことはできないと思うからです。

ICという仕事をしていると、周辺のさまざまな問題が視界に入ってきて、つねにモヤモヤとした気分にさせられることは、すでに述べました。

映像業界をがっちりと固めている男性優位の構造にも、またマスメディアのあり方にも、疑問を感じます。

そして、これだけ情報が溢れている世の中だからこそ、何が真実なのかは、自分で見極めていく必要があると思います。メディアは気分屋です。ほしい時にはすごい勢いで寄ってくるのに、興味がない時には至って冷淡。期待しても落胆させられるのがオチです。

一般の視聴者たちと感覚がズレているのではないかと感じさせる局面も多々あります。たとえば、ある人物による過激な発言が問題視され、活字媒体やX（旧Twitter）では議論が起きている。にもかかわらず、映像業界では、そうした人物のことも、「高い視聴率が取れるキャラの強い人物」という見立てで、平然と起用し続けたりする。

この人たちの中に、倫理という言葉は存在するのだろうか。そんなふうに私が一人で悶々としていても、何も変えられません。ただし、一人ではできないことも、連帯することで突破口が開ける場合もあると信じています。

いずれにしても、若い人たちがもう少し生きやすい世の中にしていきたいというのが私の願いです。世の中をこのようなかたちで作り上げてきてしまったのは自分たちの世代だという責任意識があるだけに、その思いは日々、強まっています。

私はたまたま映像業界に身を置くことになり、たまたまＩＣという役目を担うことになった一個人に過ぎません。その仕事を通じて、若い人たちがこれから生きていく社会そのものをよいものに変えていくことに、少しでも貢献したい——そんな思いで、毎日の仕事に精を出しています。

私は、さまざまな偶然に人生行路を大きく左右される中、若い頃から、つねに周囲のおとなたちに助けられてきました。海外で暮らしていたあいだも、おとなの友人たちにあれこれとサポートしてもらっていました。

いまは自分がおとなになったのだから、私がしてもらったことを返す番が回ってきたのだと思っています。

〝インティマシー・コーディネーターは正義の味方ではない〟

そんな非力な私の悲願を果たすには、若い人たち自身にがんばってもらうよりほかにないと思っています。社会そのものを変える試みに、若い人たち自身もぜひ身を投じてほしいのです。

それを実現する方法は多様に存在すると思います。ただ、この本を読んで、ICという仕事に少しでも興味を持っていただけたなら、いずれICとなることも視野に入れて、これからの人生を歩んでいっていただきたいと思います。

この職種を取り巻くシステムが不完全であるために、収入も立場も不安定になりがちですし、業界特有のパワーバランスの中で、上手に身を処していく技倆《ぎりょう》、時には圧力に屈せずに闘いを挑む胆力も必要になります。

ICというのは、立場を笠に着ながら現場に入っていって、一方的に何かを指示したり何かを禁じたりする職種ではありません。あくまでコーディネーターという調整役です。一番大事なのは、安全に撮影する環境を整え、その上でいかにその作品をよいものにしていくかということであり、IC自身が作品についてどう思っているかということは、重要ではありません。

そして、何度でも強調しておきたいことは、「ICは〝正義の味方〟ではない」ということです。きれいごとでは済まされない局面にも、しばしば直面させられます。倫理意識だけでは、立ち向かっていけない世界です。

それも踏まえたうえで、あえてこの世界に足を踏み入れたいと思う人は、いつでも諸手を挙げて歓迎します。遠くない将来、「インティマシー・シーンがある作品ならICに連絡」ということが常識となり、ICへの仕事の依頼が当たり前となることを願います。

あとがき

夢がある。

目標やモチベーションを持つ。

こういう言葉に憧れながらも、私はそれをしてこなかった。なるようになる。

なるようにしかならないという心情のもと、流れに身を任せ、目の前にあることをこなしてきたら、今ここにいる感じだ。そして、それはそれでいいと思っているし、悪くないとも思っている。毎日最高じゃなくても、そんなに悪くない。そんなふうに思える日が続けば、それこそが最高だとも思う。

みなさんに「ぜひ、同じ道を！」とは言えない。けれど、「たいていのことはどうにかなる」し、「楽しいことも多いよ」とは伝えたい。確かに、あの時もっとがんばればよかったと思う瞬間もある。ただ、その時に戻ることはできないのだから、いまさらがんばれない。

それでも私は楽しく生きている。大丈夫！

私自身が四〇代になり、ルッキズムやエイジズムを意識するようになった。これからは、それらと真正面から闘っていきたい。四〇過ぎても年齢を気にせずチャレンジしたければ、すればいい。逆にこの年齢になったからこそ、純粋に楽しむことができることも多いと思っている。踊ってもいいし、楽しく過ごしてもいいし、失敗してもいいと思っている。だから、将来をあまり心配しないでほしいし、不安にならないでほしい。

これほど若い人たちに、何かを伝えたくなるとはいままでは思ってもいなかった。いままでは、「自分」がお客さんから選ばれるためにということで、「私」が全面に出ていた。けれど、この数年は若い人たちと働くのが好きだし、彼らから「一緒に働きやすい」と言ってもらえるのが一番うれしい。

これは、若い人に媚を売っているということではない。普通に考えて、何をするにしても私のほうができて当たり前。だって私のほうが経験を積んでいるのだから。彼らには、彼らの得意な部分をお願いする。あとは私がやればいい。そう決めたら、若い人に対して「なんでできないの?」と思う気持ちがなくなった。結果、自分も楽になった。

プライドとか肩書きなど、どうでもいい。肩書を捨てたら、ハリウッド映画のエンドロールにも名前が出たりするなど、いいことも多い。

こんなふうに考えられるようになったのは、友だちの影響が大きい。友人のみなさん、これからも私が暴走していたら、立ち止まらせてください。

この本を書いている二〇二三年末の時点では、まだ日本のインティマシー・コーディネーターは二人で、日本でのトレーニングはおこなわれていない。だが、この本が出る頃には、トレーニングを受けられるような場所もできているだろうし、インティマシー・コーディネーターの人数も増えているかもしれない。

私自身は、養成トレーニングよりも、まずは先に「女性が安心して働ける環境」や「その拠点」を作りたいといまは思っている。女性という「性別」に限定しているわけではない。けれど、まずは女性が集まって何かを築いていくような場所を作ってみたい。

そう思ったきっかけのひとつが、映画やドラマの制作部で働いていた友人が妊娠した時にポロッと言った、「あんなに毎日がんばったのに、何も残らないな」というショッキングな言葉だった。たとえば子どもを産むまでの期間や産後にできる仕事があれば、そんな不安にさいなまれることもないのに……。がんばったのに、何も残らない。その言葉を聞いた同じ業界の若い人が、「その言葉は、けっこうききますね」と言いながら、「でも、それが現実なのもわかる」と語っていた。

出産だけじゃない。仕事を持つ女性が、どんな状況になっても継続して活躍できる場所。

また、一人で生きていく場合に必要な経済的安定。そんなことを安心して話し合い、繋がり、助け合っていける場所やコミュニティを作っていきたい。
もっとできることがあるんじゃないか。しかし、そのできることがなんなのか、わからないこともあったりする。最近は、つねにそんなことを思いながら過ごしている。ぜひとも、みなさんの力をお貸しください。

最後に、この本を書くきっかけをくださった論創社の谷川茂さんに感謝します。私が本を書いても、誰も興味を持ってくれないんじゃないか……。弱気になるたびに、この本を書くことの意義を示すような応援メールをいただきました。そのたびに、もう少しやってみようと、どうにかこうにか刊行までたどり着きました。また、時系列がバラバラの話をこのようにまとめてくださった構成の平山瑞穂さんにも感謝します。
そして、いつも話を聞き、応援してくれている家族や友人たち、仕事関係者のみなさんにありがとうを伝えたい。みんな大好きです。

二〇二三年一二月　　西山ももこ

西山ももこ（にしやま・ももこ）

1979年、東京生まれ。インティマシー・コーディネーター、ロケ・コーディネーター、プロデューサー。高校からカレッジ卒業まで、アイルランドのダブリンで学生生活を送る。その後、チェコのプラハ芸術アカデミーに留学。2009年からは日本でアフリカ専門のコーディネート会社にて経験を積み、2016年よりフリーランスに転向。月1〜2回のペースでアフリカ、欧米、アジアでの海外ロケだけでなく、国内でのロケ、また国内外のイベント制作に携わる。2020年にインティマシー・コーディネーターの資格を取得。ほかにハラスメント相談員、ハラスメントカウンセラー、国際ボディランゲージ協会認定講師、アンコンシャスバイアス研究所認定トレーナーなどの資格も保持。

構成　平山瑞穂

論創ノンフィクション050
インティマシー・コーディネーター
正義の味方じゃないけれど

2024年4月1日　初版第1刷発行
2024年8月1日　初版第2刷発行

著　者　西山ももこ
発行者　森下紀夫
発行所　論創社
東京都千代田区神田神保町2-23　北井ビル
電話　03（3264）5254　振替口座　00160-1-155266

カバーデザイン　奥定泰之
組版・本文デザイン　アジュール
校正　柳 辰哉
印刷・製本　精文堂印刷株式会社
編　集　谷川 茂

ISBN 978-4-8460-2270-9 C0036